Objectif BAC en poche !

Tles S

QCM SVT

Obligatoire+Spécialité

Nathalie Fabien
Professeur agrégé
de Sciences de la Vie et de la Terre,
Professeur en lycée

et

Patrice Delguel
Professeur agrégé
de Sciences de la Vie et de la Terre,
Professeur en lycée

HACHETTE

SomMairE

Le mode d'emploi des QCM et de la grille de solutions détachable figure au verso de la couverture.

Conception graphique (couverture et intérieur) : Audrey Izern

Édition : Fabrice Pinel

ISBN : 978-2-01-169759-2

www.hachette-education.com

Partie 7 : Couplage des événements biologiques et géologiques au cours du temps

Partie 8 : Du passé géologique à l'évolution future de la planète *(spécialité)*

Partie 9 : Des débuts de la génétique aux enjeux actuels des biotechnologies *(spécialité)*

Partie 10 : Diversité et complémentarité des métabolismes *(spécialité)*

ConsEils pRatiQues

Vous voici en possession d'un livre de questions original, d'une utilisation simple et pratique, pour préparer le baccalauréat. **Conforme au programme de sciences de la Vie et de la Terre des Terminales S (enseignement obligatoire et de spécialité)**, cet ouvrage se veut avant tout un outil d'évaluation de vos connaissances mais aussi un recueil synthétique d'informations à retenir.

Contenu de l'ouvrage

Divisé en 10 parties, ce livre couvre, par le biais de **490 questions**, la totalité du programme. Chaque partie se compose de pages « Mémo », de fiches « QCM » et de fiches « Bilan ».

Les pages « Mémo »

Chacune des 10 parties débute par plusieurs pages qui résument quelques éléments essentiels à retenir. Ces pages ont pour but de vous fournir quelques **données mémorisables** et, par le biais de **tableaux comparatifs**, de mettre en perspective les informations du cours.

Les fiches « QCM »

L'originalité de l'ouvrage se situe dans la présentation des connaissances à réviser sous la forme de **70 fiches de questions** à choix multiples (QCM) qui portent sur les notions clés du programme :

- Chaque fiche traite d'un **sujet précis du programme** par le biais de 7 questions portant chacune sur une information que vous devez connaître : date ou événement clé, donnée chiffrée, auteur, théorie, explication d'un phénomène ou mise en relation de plusieurs faits…
- Chaque fois que cela a été possible, nous avons fait en sorte que l'énoncé de la question et, dans une moindre mesure, les mauvaises réponses apportent une information, que ce soit une précision historique ou une donnée chiffrée, la date de publication d'une œuvre ou les dates de naissance et de décès d'un personnage historique.
- À noter que, pour chaque question, **une seule réponse est exacte**, bien que plusieurs paraissent acceptables, et que vous ne devez donc **cocher** qu'**une seule case**.

Les fiches « Bilan »

À la fin de chaque partie, une ou plusieurs fiches reprennent dans le désordre une sélection de questions parmi les plus importantes et les plus difficiles, afin de vous permettre de **vérifier une dernière fois** que vous maîtrisez votre sujet et, là où vous aviez commis précédemment une erreur, que vous avez assimilé l'information correcte.

Les corrigés et le système d'autocorrection

L'autre originalité de cette collection réside dans les systèmes de corrections mis à votre disposition, qui sont au nombre de deux :

- Chaque ouvrage de la collection est accompagné d'un **rabat détachable et perforé** qui vous permet, par un système de repérages, de vérifier instantanément, une fois terminée une fiche de QCM, combien de bonnes ou de mauvaises réponses vous avez données. Le mode d'utilisation de ce système d'autocorrection, qui peut servir de **marque-page**, vous est expliqué au verso de la couverture.
- Enfin, par sécurité, au cas où vous perdriez votre grille de corrections, **les corrigés de toutes les questions** ont été regroupés en fin de volume (p. 128).

La « Feuille de scores » et votre évaluation

Les différents systèmes de notation ont pour but de vous permettre de **repérer rapidement vos éventuelles lacunes** :

- Chaque fiche « QCM » est notée sur 7 points. Si vous totalisez **moins de 4 bonnes réponses**, nous vous conseillons vivement de revoir le sujet traité à l'aide de vos cours et d'outils complémentaires (voir ci-contre).
- Une « **Feuille de scores** » est mise à votre disposition en page 8. Elle vous permet de comptabiliser vos bonnes réponses par partie, toujours dans un souci d'efficacité.

Quand utiliser ce livre et pourquoi ?

De même que ce livre peut tout aussi bien être un **outil de révision** qu'un moyen pour quiconque **d'acquérir** ou de **tester ses connaissances** en sciences de la Vie et de la Terre, ce livre est utilisable à différentes périodes de l'année et à de multiples fins :

- **Tout au long de l'année**
  - Pour terminer une révision sur un sujet précis et vérifier que vous avez acquis les informations essentielles.
  - Pour évaluer l'état de vos connaissances au moment d'un examen écrit.

- **Lors des révisions pour le baccalauréat**
  - Pour vérifier l'état de vos connaissances et pallier vos éventuelles lacunes.
  - Pour déterminer quel(s) sujet(s) du programme réviser en priorité.
  - Pour mémoriser des informations essentielles.
- **Quelques jours avant l'épreuve**
  - Pour réviser le programme autrement entre amis.
  - Pour vous remémorer quelques informations essentielles.

Outils complémentaires

Pour des raisons de place, la correction des questions (p. 128) n'est pas commentée. Nous vous conseillons donc d'approfondir vos connaissances ou de pallier vos lacunes à l'aide des autres titres de la collection **Objectif Bac**, avec, dans les séries « Entraînement » et « Fiches détachables », *SVT, Terminale S*, deux titres qui compléteront cet ouvrage.

Les auteurs

Feuille de scores

Enseignement obligatoire

Partie	Fiches	Score	Note*
1	1 à 4	/28	/20
2	5 à 10	/42	/20
3	11 à 20	/70	/20
4	21 à 27	/49	/20
5	28 à 36	/63	/20
6	37 à 42	/42	/20
7	43 à 45	/21	/20
	Total	/315	/20

Enseignement de spécialité

Partie	Fiches	Score	Note*
8	46 à 52	/49	/20
9	53 à 61	/63	/20
10	62 à 70	/63	/20
	Total	/175	/20

TOTAL QCM	/490	/20
TOTAL BILANS Ens. obligatoire	/84	/20
TOTAL BILANS Ens. de spécialité	/56	/20

*** Comment obtenir votre note sur 20 ?**
Il suffit de diviser votre nombre de bonnes réponses par le total de réponses et de multiplier ce résultat (arrondi à 2 chiffres après la virgule) par 20.
Exemple pour la partie 1, avec 22 réponses justes : (22/28) x 20 = 15,8.

La mesure du temps dans l'histoire de la Terre et de la vie

L'un des objets essentiels de la géologie est la reconstitution de la succession des événements qui se sont déroulés au cours des temps géologiques. La **chronologie relative** permet de dater des événements les uns par rapport aux autres. La **chronologie absolue** fournit une estimation de l'âge d'un échantillon.

LA DATATION RELATIVE

PRINCIPE DE	CONCERNE	CARACTÉRISTIQUE
Superposition	Structures géologiques qui se sont formées par **dépôts successifs** : roches sédimentaires, empilements de coulées volcaniques.	Une couche quelconque est plus ancienne que la couche située au-dessus.
Recoupement	• Des structures géologiques qui se recoupent : – formation géologique recoupée par des **filons volcaniques** ou par un **massif intrusif de granite** ; – **déformations souples** (plis) ou **cassantes** (failles) affectant une série sédimentaire. • Explication d'une **discordance**. • À l'échelle d'une **lame mince**.	• Ces **roches magmatiques injectées** dans un ensemble rocheux sont postérieures à lui. • Les **événements tectoniques** sont plus récents que les roches déformées. • Les couches situées sous la discordance sont antérieures à celles qui sont au-dessus. • **Un minéral inclus** dans un autre lui est antérieur ; **un minéral qui en recoupe** un autre lui est postérieur.
Continuité	Deux roches de caractères lithologiques différents, encadrées par les mêmes strates.	L'âge d'une **même strate** est le même en tous points.
Identité paléontologique	Les fossiles stratigraphiques permettent de comparer les âges de couches éventuellement très distantes.	Des couches présentant le même contenu paléontologique (c'est-à-dire les mêmes fossiles stratigraphiques) ont le même âge.

LA DATATION ABSOLUE

Pour obtenir l'âge d'un phénomène, d'une roche, etc., on utilise une méthode s'appuyant sur la **décroissance radioactive d'isotopes de certains éléments chimiques**.

1 Le choix de l'échantillon à dater

L'échantillon doit répondre à certains critères car la date obtenue grâce aux mesures est en fait celle où les isotopes ont été piégés. Un tel système est appelé **système fermé** et correspond :
– pour une roche magmatique, au moment où la cristallisation du magma est achevée ;
– dans le cas de la datation au ^{14}C, à la mort de l'être vivant.

2 Le choix de l'isotope radioactif

Une fois le système fermé, la quantité d'isotope radioactif diminue. La datation n'est valide que si l'on mesure des durées allant **du centième à dix fois la demi-vie $t_{1/2}$** (ou T) de l'isotope choisi :
– le **^{14}C** permet des mesures de **quelques dizaines de milliers d'années au plus** ;
– le **^{40}K** permet de dater des roches de **10 000 ans à 4,5 Ga** ;
– le **^{87}Rb** permet de dater des roches de **10^7 ans à 4,5 Ga**.

MÉTHODE	MODE DE CALCUL	TRANSFORMATION
Au ^{14}C	• Quantités initiales d'isotopes connues. • Rapport $^{14}C/^{12}C$ dans le milieu et rapport $^{14}C/^{12}C$ dans l'échantillon analysé.	$^{14}C \rightarrow {}^{14}N$
Au ^{40}K	• Quantité initiale des noyaux de l'isotope ^{40}K (N_0) inconnue mais celle des noyaux de l'isotope issu de la désintégration est nulle ($^{40}Ar_0$). • Rapport $^{40}Ar_t / {}^{40}K_t$.	$^{40}K \rightarrow 10{,}5\ \%\ {}^{40}Ar$ Ar : Argon.
Au ^{87}Rb	• Quantités initiales des noyaux de l'isotope ^{87}Rb et de l'isotope ^{87}Sr inconnues. • Système simple d'équations linéaires, du type : $(^{87}Sr_t / {}^{86}Sr) = (e^{\lambda t} - 1)(^{87}Rb_t / {}^{86}Sr) + (^{87}Sr_0 / {}^{86}Sr)$, avec $a = e^{\lambda t} - 1 \cong \lambda t$, coefficient directeur de la droite. Il suffit ensuite de calculer la valeur de a à l'aide des rapports isotopiques mesurés sur au moins deux minéraux, correspondant à deux points de la droite, pour calculer t.	$^{87}Rb \rightarrow {}^{87}Sr$ Rb : Rubidium. Sr : Strontium.

Les principes de datation relative 1

A

1 Les principes de datation relative permettent :

a. de dater avec précision des roches magmatiques. ☐

b. de dater avec précision des fossiles. ☐

c. d'ordonner les éléments géologiques les uns par rapport aux autres. ☒

2 Dans une série de couches sédimentaires non déformées, la couche la plus ancienne est :

a. la couche à la base de la série. ☒

b. la couche au sommet de la série. ☐

c. impossible à déterminer. ☐

3 Si une faille recoupe des couches géologiques, elle s'est formée :

a. avant ces couches géologiques. ☐

b. en même temps que ces couches géologiques. ☐

c. après ces couches géologiques. ☒

4 Si un minéral A est inclus dans un minéral B, alors le minéral A s'est formé :

a. en même temps que le minéral B. ☒

b. après le minéral B. ☐

c. avant le minéral B. ☐

5 Lorsque deux ensembles de terrains sont séparés par une discordance, les couches situées sur la discordance sont :

a. postérieures à la discordance. ☐

b. antérieures à la discordance. ☒

c. impossibles à dater. ☐

6 Un fossile stratigraphique est un fossile présentant :

a. une grande répartition géographique et une grande extension temporelle. ☒

b. une grande répartition géographique et une courte extension temporelle. ☐

c. une faible répartition géographique et une grande extension temporelle. ☐

7 Si deux couches de sédiments éloignées géographiquement possèdent les mêmes fossiles stratigraphiques :

a. on peut dire qu'elles ont un âge différent. ☐

b. on peut dire qu'elles ont le même âge. ☒

c. on ne peut rien en conclure. ☐

SCORE : 4/7

2 La datation absolue par la méthode au carbone 14

H

1 La méthode au carbone 14 (^{14}C) permet de dater :

☐ a. des roches sédimentaires de plusieurs millions d'années.
☐ b. des roches magmatiques.
☐ c. des restes d'êtres vivants.

2 La méthode au carbone 14 permet de dater des échantillons :

☐ a. de moins de 50 000 ans.
☐ b. de 100 000 à 1 million d'années.
☐ c. de plus d'un million d'années.

3 On considère que le système est fermé, c'est-à-dire que plus aucun carbone 14 n'est ajouté, quand :

☐ a. l'être vivant naît.
☐ b. l'être vivant meurt.
☐ c. l'être vivant cesse de s'alimenter.

4 Pour utiliser cette méthode, on mesure dans l'échantillon à dater :

☐ a. la proportion de ^{14}C initial / ^{12}C.
☐ b. la proportion de ^{14}C restant / ^{12}C.
☐ c. la proportion de ^{14}C restant / ^{14}C initial.

5 Au-delà de 30 000 à 40 000 ans, la quantité de ^{14}C restant dans l'échantillon est :

☐ a. insuffisante pour avoir une mesure fiable.
☐ b. suffisante et permet d'avoir une mesure très précise.
☐ c. nulle.

6 À la mort d'un être vivant, le ^{14}C qu'il contient :

☐ a. se renouvelle sans cesse.
☐ b. est fabriqué en grande quantité.
☐ c. se désintègre jusqu'à sa disparition totale.

7 Les roches sédimentaires récentes formées de carbonates précipités :

☐ a. peuvent être datées au carbone 14, s'il n'y a pas eu de contamination.
☐ b. peuvent être datées au carbone 14 sans restriction.
☐ c. ne peuvent jamais être datées au carbone 14.

SCORE : /7

La datation absolue par la méthode potassium/argon

3

D

1 La méthode potassium/argon (K/Ar) permet de dater directement :

a. des restes fossiles. ☐

b. des roches magmatiques. ☐

c. des roches sédimentaires. ☐

2 La méthode potassium/argon permet de dater avec efficacité des échantillons de :

a. moins de 50 000 ans. ☐

b. 1 à 300 millions d'années. ☐

c. 5 à 10 milliards d'années. ☐

3 La méthode potassium/argon consiste à mesurer dans une roche :

a. l'argon issu de la désintégration du potassium. ☐

b. le potassium restant. ☐

c. la quantité de potassium désintégré. ☐

4 Pour la méthode potassium/argon, l'élément père et l'élément fils sont respectivement :

a. le potassium 41 et l'argon 40. ☐

b. l'argon 40 et le potassium 40. ☐

c. le potassium 40 et l'argon 40. ☐

5 On considère que le système est fermé quand :

a. le magma est en cours de refroidissement. ☐

b. la roche est entièrement cristallisée. ☐

c. la lave s'écoule en surface. ☐

6 Au moment de la fermeture du système, la quantité d'argon est nulle car :

a. il n'y en a jamais eu dans le magma. ☐

b. il s'est transformé en potassium. ☐

c. il a été éliminé par dégazage pendant le refroidissement du magma. ☐

7 La méthode potassium/argon présente :

a. des erreurs par la contamination d'argon atmosphérique. ☐

b. une grande fiabilité car il n'y a jamais de contamination. ☐

c. des erreurs par la contamination de carbone 14. ☐

SCORE : /7

4 La datation absolue par la méthode rubidium/strontium

G

1 La méthode rubidium/strontium (Rb/Sr) permet de dater :

- [ ] a. des fossiles d'êtres vivants.
- [ ] b. des roches magmatiques.
- [ ] c. des roches sédimentaires.

2 La méthode rubidium/strontium permet de dater des échantillons de :

- [ ] a. quelques dizaines d'années.
- [ ] b. moins de 5 000 ans.
- [ ] c. plusieurs centaines de millions d'années.

3 La difficulté de la datation par la méthode rubidium/strontium vient du fait qu'on ne connaît pas :

- [ ] a. la quantité de strontium présente dans les minéraux des roches.
- [ ] b. la quantité initiale de strontium dans les minéraux des roches.
- [ ] c. la quantité de rubidium présente dans les minéraux des roches.

4 Pour la méthode rubidium/strontium, l'élément père et l'élément fils sont respectivement :

- [ ] a. le rubidium 87 et le strontium 87.
- [ ] b. le strontium 87 et le rubidium 87.
- [ ] c. le rubidium 87 et le strontium 86.

5 On construit une droite isochrone en utilisant des rapports isotopiques mesurés sur :

- [ ] a. un minéral d'une roche.
- [ ] b. des minéraux issus de roches différentes.
- [ ] c. des minéraux issus d'une même roche.

6 La détermination de l'âge d'une roche par la méthode rubidium/strontium est possible grâce à :

- [ ] a. la pente de la droite isochrone.
- [ ] b. l'ordonnée à l'origine de la droite isochrone.
- [ ] c. un point quelconque sur la droite isochrone.

7 Quand la pente de la droite isochrone augmente, l'âge de la roche :

- [ ] a. augmente.
- [ ] b. diminue.
- [ ] c. reste inchangé.

SCORE : /7

E

1 À la mort d'un être vivant, le carbone 14 (^{14}C) qu'il contient :

a. est fabriqué en grande quantité. ☐

b. se désintègre jusqu'à sa disparition totale. ☐

c. se renouvelle sans cesse. ☐

2 Si une faille recoupe des couches géologiques, elle s'est formée :

a. avant ces couches géologiques. ☐

b. en même temps que ces couches géologiques. ☐

c. après ces couches géologiques. ☐

3 La méthode potassium/argon consiste à mesurer dans une roche :

a. l'argon issu de la désintégration du potassium. ☐

b. la quantité de potassium désintégré. ☐

c. le potassium restant. ☐

4 La difficulté de la datation par la méthode rubidium/strontium vient du fait qu'on ne connaît pas :

a. la quantité de strontium présente dans les minéraux des roches. ☐

b. la quantité initiale de strontium dans les minéraux des roches. ☐

c. la quantité de rubidium présente dans les minéraux des roches. ☐

5 Si un minéral A est inclus dans un minéral B, alors le minéral A s'est formé :

a. avant le minéral B. ☐

b. en même temps que le minéral B. ☐

c. après le minéral B. ☐

6 Pour la méthode rubidium/strontium, l'élément père et l'élément fils sont respectivement :

a. le strontium 87 et le rubidium 87. ☐

b. le rubidium 87 et le strontium 87. ☐

c. le rubidium 87 et le strontium 86. ☐

7 On considère que le système est fermé, c'est-à-dire que plus aucun carbone 14 n'est ajouté, quand :

a. l'être vivant cesse de s'alimenter. ☐

b. l'être vivant naît. ☐

c. l'être vivant meurt. ☐

SCORE : /7

Bilan 2

A

1 La méthode au carbone 14 permet de dater :

- ☐ a. des roches magmatiques.
- ☐ b. des roches sédimentaires de plusieurs millions d'années.
- ☐ c. des restes d'êtres vivants.

2 Quand la pente de la droite isochrone augmente, l'âge de la roche :

- ☐ a. augmente.
- ☐ b. diminue.
- ☐ c. reste inchangé.

3 Pour la méthode potassium/argon, l'élément père et l'élément fils sont respectivement :

- ☐ a. l'argon 40 et le potassium 40.
- ☐ b. le potassium 41 et l'argon 40.
- ☐ c. le potassium 40 et l'argon 40.

4 Les principes de datation relative permettent :

- ☐ a. de dater avec précision des roches magmatiques.
- ☐ b. de dater avec précision des fossiles.
- ☐ c. d'ordonner les éléments géologiques les uns par rapport aux autres.

5 La détermination de l'âge d'une roche par la méthode rubidium/strontium est possible grâce à :

- ☐ a. la pente de la droite isochrone.
- ☐ b. un point quelconque sur la droite isochrone.
- ☐ c. l'ordonnée à l'origine de la droite isochrone.

6 Au moment de la fermeture du système, la quantité d'argon est nulle car :

- ☐ a. il n'y en a jamais eu dans le magma.
- ☐ b. il a été éliminé par dégazage pendant le refroidissement du magma.
- ☐ c. il s'est transformé en potassium.

7 Pour utiliser la méthode au carbone 14, on mesure dans l'échantillon à dater :

- ☐ a. la proportion de ^{14}C restant / ^{14}C initial.
- ☐ b. la proportion de ^{14}C restant / ^{12}C.
- ☐ c. la proportion de ^{14}C initial / ^{12}C.

SCORE : /7

Parenté entre êtres vivants actuels et fossiles – phylogenèse – évolution

UNE PROFONDE UNITÉ DU MONDE VIVANT

- Tous les êtres vivants sont constitués de **cellules**, capables de se multiplier.
- Les molécules du vivant et les réactions chimiques qui constituent le **métabolisme cellulaire** sont fondamentalement les mêmes.
- L'**ADN** est toujours le support de l'**information génétique** (**code génétique universel**).

RELATIONS DE PARENTÉ CHEZ LES VERTÉBRÉS

- Les **vertébrés** possèdent un **plan d'organisation** commun, ce qui suggère une **parenté** étroite.
- L'établissement de relations de parenté s'effectue par comparaison de **caractères** : morphologiques, anatomiques, embryologiques, chromosomiques, moléculaires.

CHOIX DES CARACTÈRES	DONNÉES MOLÉCULAIRES	MATRICE DES CARACTÈRES
• **Informatifs** ou **pertinents**. • **Homologues**, c'est-à-dire dérivés d'une **structure ancestrale**. • À **valeur évolutive**, c'est-à-dire correspondant à une **innovation évolutive**. Dans ce cas, l'état qui préexistait est qualifié d'**état primitif** ou **ancestral** et le nouvel état apparu, d'**état dérivé** ou **évolué**.	• Des **protéines** présentes chez divers organismes montrent de grandes similitudes dans leur séquence polypeptidique et sont dites **homologues**. • Elles sont codées par des **gènes homologues**, dérivant d'un même **gène ancestral**. • Le partage de molécules homologues permet d'établir une relation de parenté entre ces organismes qui ont un ancêtre commun. • Moins il y a de différences entre deux molécules homologues, plus la molécule ancestrale dont elles dérivent est récente et plus les organismes qui possèdent ces molécules sont proches parents.	• Les résultats de la comparaison des caractères choisis pour différents groupes de vertébrés sont consignés dans une **matrice** dont chaque case renferme l'état de chaque caractère. • La recherche des relations de parenté fait appel au **partage d'un même état dérivé** d'un caractère : tous les organismes qui possèdent l'état évolué de ce caractère l'ont hérité d'un même **ancêtre commun** chez qui il est apparu ; ils ont donc une parenté plus forte.

L'ARBRE PHYLOGÉNÉTIQUE

- Cet arbre traduit des **parentés** entre divers organismes.
- Les espèces parentes ou les groupes frères sont réunis par des **branches** à un **nœud** qui représente leur **plus récent ancêtre commun**.
- Chaque branche doit être justifiée par une **innovation évolutive**.
- Cette innovation évolutive est apparue chez un organisme qui l'a transmise à tous ses descendants : cet organisme est donc l'ancêtre commun exclusif à tous les organismes possédant cette innovation évolutive.
- L'ancêtre commun est **hypothétique**.

LA PLACE DE L'HOMME DANS LE RÈGNE ANIMAL

L'Homme est un **eucaryote**, un **vertébré**, un **tétrapode**, un **amniote**, un **mammifère**, un **primate**, un **hominoïde**, un **hominidé**, un **homininé**.

LES CRITÈRES D'APPARTENANCE À LA LIGNÉE HUMAINE	LE CARACTÈRE BUISSONNANT DE LA LIGNÉE HUMAINE
• Des caractères du squelette en relation avec une **bipédie permanente**. • Des caractères crâniens en relation avec un **développement cérébral** important. • Une **régression de la face** et une arcade dentaire parabolique aux canines réduites. • Des **activités culturelles et industrielles** développées et variées. • Un **langage articulé**.	• À plusieurs reprises au cours de l'histoire de la lignée humaine, plusieurs espèces ont cohabité. L'évolution de la lignée humaine présente donc un **caractère buissonnant**. • Le premier représentant de la lignée humaine est *Sahelanthropus tchadensis* (–7 Ma). • Les autres espèces fossiles sont regroupées dans deux genres principaux : ***Australopithecus*** et ***Homo***. • Le genre *Australopithecus* a vécu entre 4 Ma et 1 Ma et est connu uniquement en **Afrique**. Il possède des caractères dérivés de la lignée humaine en rapport avec la **bipédie**. • Le genre *Homo* présente des caractères liés à une **bipédie** plus nette, un accroissement du **volume cérébral**, un redressement de la **face**, des activités **culturelles** *(Homo habilis, Homo erectus, Homo neandertalensis, Homo sapiens)*.

Établissement de relations de parenté chez les vertébrés à partir de caractères macroscopiques

5

C

1 Les relations de parenté sont établies à partir de caractères observables d'un organisme qui sont :

a. déterminés génétiquement. ☐

b. fonction de l'environnement. ☐

c. déterminés génétiquement et/ou fonction de l'environnement. ☐

2 Les caractères choisis pour établir les relations de parenté doivent être :

a. homologues, c'est-à-dire ne dérivant pas d'une structure ancestrale. ☐

b. homologues, c'est-à-dire dérivant d'une structure ancestrale. ☐

c. analogues, c'est-à-dire ne dérivant pas d'une structure ancestrale. ☐

3 Les caractères choisis pour établir les liens de parenté doivent être à valeur évolutive, c'est-à-dire correspondre à l'état :

a. dérivé du caractère étudié. ☐

b. primitif du caractère étudié. ☐

c. dérivé ou primitif selon le caractère étudié. ☐

4 Dans une matrice des caractères, on reporte dans chaque case et pour chaque caractère étudié :

a. uniquement l'état dérivé présent dans chaque groupe d'animaux. ☐

b. uniquement l'état primitif présent dans chaque groupe d'animaux. ☐

c. l'état dérivé et l'état primitif présents dans chaque groupe d'animaux. ☐

5 La recherche des liens de parenté entre deux groupes d'animaux fait appel au partage d'un état particulier d'un caractère donné, à savoir :

a. un état dérivé non hérité d'un ancêtre commun. ☐

b. un état primitif hérité d'un ancêtre commun. ☐

c. un état dérivé hérité d'un ancêtre commun. ☐

6 Les liens de parenté entre deux groupes d'animaux sont d'autant plus étroits qu'ils partagent :

a. un petit nombre d'états dérivés. ☐

b. un nombre élevé d'états dérivés. ☐

c. un nombre élevé d'états primitifs. ☐

7 La détermination de l'état dérivé d'un caractère fait appel à :

a. des critères uniquement paléontologiques. ☐

b. des critères uniquement embryologiques. ☐

c. des critères paléontologiques ou embryologiques. ☐

SCORE : /7

6 Établissement de relations de parenté chez les vertébrés à partir de données moléculaires

F

1 L'établissement de relations de parenté s'effectue en comparant des molécules :

- [ ] a. homologues, montrant de grandes similitudes.
- [ ] b. homologues, montrant de grandes différences.
- [ ] c. ayant toutes la même fonction.

2 L'établissement de liens de parenté peut s'effectuer par la comparaison de séquences :

- [ ] a. nucléotidiques et peptidiques de molécules non homologues.
- [ ] b. nucléotidiques et peptidiques de molécules homologues.
- [ ] c. uniquement nucléotidiques de gènes homologues.

3 Les gènes homologues dérivent :

- [ ] a. de plusieurs gènes.
- [ ] b. d'un même gène ancestral.
- [ ] c. de deux gènes au maximum.

4 Moins il y a de différences entre les molécules homologues présentes chez différents groupes d'animaux et :

- [ ] a. plus ces groupes sont proches parents.
- [ ] b. plus ces groupes sont éloignés.
- [ ] c. plus ces groupes sont anciens.

5 La matrice des différences est un tableau montrant le résultat de la comparaison :

- [ ] a. de deux molécules différentes.
- [ ] b. deux à deux de séquences de molécules non homologues.
- [ ] c. deux à deux de séquences de molécules homologues.

6 Des gènes homologues sont :

- [ ] a. des allèles d'un même gène.
- [ ] b. des gènes non allèles présentant de grandes différences.
- [ ] c. des gènes non allèles présentant des similitudes de séquences.

7 On peut dire que moins il y a de différences entre deux molécules homologues, plus la molécule ancestrale dont elles dérivent est :

- [ ] a. ancienne.
- [ ] b. récente.
- [ ] c. différente.

SCORE : /7

Représentation des liens de parenté : l'arbre phylogénétique

7

B

1 Un arbre phylogénétique est une représentation qui traduit :

a. des liens de parenté entre les êtres vivants. ☐

b. un classement des êtres vivants. ☐

c. des comparaisons entre les êtres vivants. ☐

2 Dans un arbre phylogénétique, les espèces parentes sont réunies par des branches à un nœud représentant :

a. un de leurs ancêtres. ☐

b. leur plus ancien ancêtre commun. ☐

c. leur plus récent ancêtre commun. ☐

3 Dans un arbre phylogénétique, chaque branche doit être justifiée par :

a. la disparition d'un état primitif. ☐

b. l'apparition d'une innovation évolutive correspondant à un état primitif. ☐

c. l'apparition d'une innovation évolutive correspondant à un état dérivé. ☐

4 Les caractéristiques du plus récent ancêtre commun à des organismes correspondent au cumul des innovations évolutives acquises par :

a. ses ancêtres précédents. ☐

b. ses ancêtres précédents, auxquelles s'ajoute celle qui est apparue chez lui. ☐

c. les organismes présents sur l'arbre. ☐

5 Un groupe monophylétique regroupe un ancêtre commun :

a. fossile connu et tous ses descendants qui partagent le même état dérivé. ☐

b. hypothétique et tous ses descendants qui partagent le même état dérivé. ☐

c. hypothétique et tous ses descendants qui partagent le même état primitif. ☐

6 Dans un arbre phylogénétique, une espèce fossile doit être placée à :

a. l'extrémité d'une branche comme les espèces actuelles. ☐

b. la racine de l'arbre. ☐

c. un nœud représentant l'ancêtre commun d'un groupe d'organismes. ☐

7 Dans un arbre phylogénétique, le dernier ancêtre commun à un ensemble d'organismes possède :

a. une partie des états dérivés et primitifs partagés par ses descendants. ☐

b. les états primitifs partagés par ses descendants. ☐

c. les états dérivés partagés par ses descendants. ☐

SCORE : /7

8 Les liens de parenté chez les vertébrés

E

1 Chez les vertébrés, la grenouille et le poisson ne possèdent pas d'amnios, mais le crocodile et l'oiseau possèdent cet état dérivé. On en déduit que :

- ☐ a. la grenouille et le poisson sont plus proches parents.
- ☐ b. le crocodile et l'oiseau sont plus proches parents.
- ☐ c. la grenouille et le crocodile sont proches parents.

2 Sardine et cœlacanthe sont deux espèces de poissons. Le cœlacanthe possède un membre monobasal, état dérivé partagé avec la grenouille :

- ☐ a. le groupe des poissons est un groupe monophylétique.
- ☐ b. le cœlacanthe est plus proche parent de la sardine.
- ☐ c. le cœlacanthe est plus proche parent de la grenouille que de la sardine.

3 Le crocodile est un reptile comme le lézard mais, contrairement à lui, il possède avec la mésange l'état dérivé fenêtre mandibulaire. On en déduit :

- ☐ a. que le crocodile est plus proche parent de la mésange que du lézard.
- ☐ b. que le crocodile est plus proche parent du lézard que de la mésange.
- ☐ c. que le crocodile partage avec le lézard un ancêtre commun exclusif.

4 La nageoire antérieure du dauphin et celle du requin se ressemblent. On peut dire que leurs nageoires sont des organes :

- ☐ a. homologues, permettant de déterminer des liens de parenté.
- ☐ b. analogues mais ne permettant pas de déterminer des liens de parenté.
- ☐ c. analogues, permettant de déterminer des liens de parenté.

5 L'archéoptéryx est un fossile possédant les états dérivés plumes, bréchet présents aussi chez les oiseaux. Il est donc, par rapport aux oiseaux :

- ☐ a. proche parent et partage avec eux un ancêtre commun exclusif.
- ☐ b. proche parent.
- ☐ c. leur ancêtre commun.

6 Le dipneuste est un poisson (écaille, nageoire) et possède les états dérivés cœurs à deux oreillettes, présence d'un poumon :

- ☐ a. il est plus proche parent d'une sardine que d'une vache.
- ☐ b. il est plus proche parent d'une vache que d'une sardine.
- ☐ c. il partage avec le poisson un ancêtre commun non partagé avec la vache.

7 La comparaison des gènes NAD montre 11 % de différences entre l'Homme et le chimpanzé et 13 % entre le chimpanzé et le gorille. On en conclut que :

- ☐ a. le chimpanzé et le gorille partage de façon exclusive un ancêtre.
- ☐ b. le chimpanzé est plus proche parent du gorille que de l'Homme.
- ☐ c. le chimpanzé est plus proche parent de l'Homme que du gorille.

SCORE : /7

La place de l'Homme dans le règne animal

9

H

1 L'Homme est un eucaryote, un vertébré, un tétrapode, un amniote, un mammifère et :

a. un hominoïde, un homininé mais n'est ni un primate, ni un hominidé. ☐

b. un primate, un hominoïde, un homininé mais n'est pas un hominidé. ☐

c. un primate, un hominoïde, un hominidé, un homininé. ☐

2 Les primates possèdent des doigts :

a. avec des ongles et leur pouce est opposable aux autres doigts. ☐

b. avec des ongles et leur pouce n'est pas opposable aux autres doigts. ☐

c. avec des griffes et leur pouce est opposable aux autres doigts. ☐

3 Les hominoïdes présentent les caractéristiques suivantes :

a. sans truffe, avec une queue et des narines séparées par une cloison nasale. ☐

b. sans truffe, sans queue et avec des narines séparées par une cloison nasale. ☐

c. sans queue, avec truffe et des narines séparées par une cloison nasale. ☐

4 Des données anatomiques et moléculaires permettent de déterminer les liens de parenté au sein des hominoïdes et l'on sait que :

a. chimpanzé et gorille sont les plus proches parents. ☐

b. Homme et chimpanzé sont les plus proches parents. ☐

c. Homme et gorille sont les plus proches parents. ☐

5 Le dernier ancêtre commun à l'Homme et au chimpanzé possédait une certaine part de bipédie, utilisait des outils rudimentaires mais :

a. il n'était ni un homme, ni un chimpanzé. ☐

b. il était un homme. ☐

c. il était un chimpanzé. ☐

6 L'Homme possède des états dérivés propres à la lignée humaine en relation avec une bipédie permanente, qui sont :

a. bassin évasé, trou occipital reculé, colonne vertébrale à 4 courbures. ☐

b. bassin évasé, trou occipital avancé, colonne vertébrale à 3 courbures. ☐

c. bassin évasé, trou occipital avancé, colonne vertébrale à 4 courbures. ☐

7 L'Homme possède des états dérivés de caractères crâniens qui sont :

a. régression de la face, pas de crête osseuse, arcade dentaire parabolique. ☐

b. régression de la face, pas de crête osseuse, arcade dentaire en U. ☐

c. prognathisme, pas de crête osseuse, arcade dentaire en U. ☐

SCORE : /7

10 Les représentants de la lignée humaine au cours du temps

C

1 Au cours du temps, l'évolution de la lignée humaine présente un caractère :

☐ a. buissonnant, car des espèces différentes d'homininés ont cohabité.
☐ b. linéaire, car les espèces se sont suivies sans jamais cohabiter.
☐ c. buissonnant, car les espèces se sont suivies sans jamais cohabiter.

2 Un fossile appartient à la lignée humaine s'il possède :

☐ a. tous les états dérivés de cette lignée.
☐ b. au moins un des états dérivés de cette lignée.
☐ c. au moins deux états dérivés de cette lignée.

3 Le genre Australopithèque (–4,5 à –1 Ma) appartient à la lignée humaine car il possède :

☐ a. un bassin large et des fémurs dirigés vers l'intérieur.
☐ b. un trou occipital avancé et un bassin étroit.
☐ c. un trou occipital reculé et un bassin étroit.

4 Le genre *Homo*, apparu en Afrique de l'Est il y a environ 2,5 Ma, est caractérisé par une bipédie plus nette et présente :

☐ a. un volume cérébral faible mais un redressement de la face.
☐ b. un accroissement du volume cérébral mais un prognathisme présent.
☐ c. un accroissement du volume cérébral et un redressement de la face.

5 L'espèce *Homo erectus* a vécu entre –1,9 millions d'années et –300 000 ans en Afrique et l'on sait que l'*Homo erectus* :

☐ a. a colonisé le Proche-Orient, l'Europe, l'Asie, mais ne maîtrise pas le feu.
☐ b. a colonisé uniquement le Proche-Orient et maîtrise le feu.
☐ c. a colonisé le Proche-Orient, l'Europe, l'Asie, et maîtrise le feu.

6 L'espèce *Homo neandertalensis* a vécu en Europe entre :

☐ a. –50 000 ans et –30 000 ans.
☐ b. –120 000 ans et –30 000 ans.
☐ c. –1 million d'années et –30 000 ans.

7 L'espèce *Homo sapiens*, représentant actuel de la ligne humaine, a été contemporaine de l'espèce suivante, au moins sur une période de temps :

☐ a. *Homo erectus.*
☐ b. *Australopithecius afarensis.*
☐ c. *Homo neandertalensis.*

SCORE : /7

Bilan 1

G

1 Au cours du temps, l'évolution de la lignée humaine présente un caractère :

a. buissonnant, car les espèces se sont suivies sans jamais cohabiter. ☐

b. buissonnant, car des espèces différentes d'homininés ont cohabité. ☐

c. linéaire, car les espèces se sont suivies sans jamais cohabiter. ☐

2 Dans un arbre phylogénétique, les espèces parentes sont réunies par des branches à un nœud représentant :

a. un de leurs ancêtres. ☐

b. leur plus ancien ancêtre commun. ☐

c. leur plus récent ancêtre commun. ☐

3 Les liens de parenté entre deux groupes d'animaux sont d'autant plus étroits qu'ils partagent :

a. un nombre élevé d'états primitifs. ☐

b. un nombre élevé d'états dérivés. ☐

c. un petit nombre d'états dérivés. ☐

4 Un groupe monophylétique regroupe un ancêtre commun :

a. hypothétique et tous ses descendants qui partagent le même état dérivé. ☐

b. hypothétique et tous ses descendants qui partagent le même état primitif. ☐

c. fossile connu et tous ses descendants qui partagent le même état dérivé. ☐

5 Les relations de parenté sont établies à partir de caractères observables d'un organisme qui sont :

a. déterminés génétiquement et/ou fonction de l'environnement. ☐

b. fonction de l'environnement. ☐

c. déterminés génétiquement. ☐

6 Le dernier ancêtre commun à l'Homme et au chimpanzé possédait une certaine part de bipédie, utilisait des outils rudimentaires mais :

a. il n'était ni un homme, ni un chimpanzé. ☐

b. il était un chimpanzé. ☐

c. il était un homme. ☐

7 Les caractères choisis pour établir les liens de parenté doivent être à valeur évolutive, c'est-à-dire correspondre à l'état :

a. dérivé du caractère étudié. ☐

b. dérivé ou primitif selon le caractère étudié. ☐

c. primitif du caractère étudié. ☐

SCORE : /7

Bilan 2

F

1 Le genre Australopithèque (–4,5 à –1 Ma) appartient à la lignée humaine car il possède :

- [ ] a. un bassin large et des fémurs dirigés vers l'intérieur.
- [ ] b. un trou occipital reculé et un bassin étroit.
- [ ] c. un trou occipital avancé et un bassin étroit.

2 Dans un arbre phylogénétique, le dernier ancêtre commun à un ensemble d'organismes possède :

- [ ] a. les états primitifs partagés par ses descendants.
- [ ] b. les états dérivés partagés par ses descendants.
- [ ] c. une partie des états dérivés et primitifs partagés par ses descendants.

3 Le crocodile est un reptile comme le lézard mais, contrairement à lui, il possède avec la mésange l'état dérivé fenêtre mandibulaire. On en déduit :

- [ ] a. que le crocodile partage avec le lézard un ancêtre commun exclusif.
- [ ] b. que le crocodile est plus proche parent de la mésange que du lézard.
- [ ] c. que le crocodile est plus proche parent du lézard que de la mésange.

4 L'établissement de liens de parenté peut s'effectuer par la comparaison de séquences :

- [ ] a. nucléotidiques et peptidiques de molécules homologues.
- [ ] b. nucléotidiques et peptidiques de molécules non homologues.
- [ ] c. uniquement nucléotidiques de gènes homologues.

5 Un fossile appartient à la lignée humaine s'il possède :

- [ ] a. tous les états dérivés de cette lignée.
- [ ] b. au moins deux états dérivés de cette lignée.
- [ ] c. au moins un des états dérivés de cette lignée.

6 Des gènes homologues sont :

- [ ] a. des gènes non allèles présentant de grandes différences.
- [ ] b. des allèles d'un même gène.
- [ ] c. des gènes non allèles présentant des similitudes de séquences.

7 On peut dire que moins il y a de différences entre deux molécules homologues, plus la molécule ancestrale dont elles dérivent est :

- [ ] a. différente.
- [ ] b. récente.
- [ ] c. ancienne.

SCORE : /7

Stabilité et variabilité des génomes et évolution

LES INNOVATIONS GÉNÉTIQUES

1 Les mutations génétiques

Les mutations génétiques créent de nouveaux allèles	• **Mutation** : modification de la séquence nucléotidique du gène. • Les mutations peuvent être **ponctuelles** ou plus **étendues** (mutation par **substitution**, **addition**, **délétion**).
Ces mutations sont à l'origine du polymorphisme du génome	• L'existence de différents allèles constitue le **polyallélisme**. • Un gène est qualifié de **polymorphe** si au moins deux de ses allèles sont présents dans l'espèce à une fréquence supérieure ou égale à 1 %.
Conséquences des mutations	• Les modifications subies par l'ADN peuvent ou non affecter les polypeptides synthétisés et leur fonction. • On distingue des **mutations silencieuses**, **neutres**, **faux-sens**, **non-sens**, **décalantes**. • Ces mutations sont des **innovations génétiques** à l'origine d'un polymorphisme phénotypique.

2 Les duplications créent de nouveaux gènes

• **Familles multigéniques :** ensemble de **gènes homologues**, présents dans le génome d'une même espèce et présentant de grandes similitudes. Ces gènes sont le résultat de **duplications** de **gènes ancestraux**.

• Ces duplications sont des **innovations génétiques** à l'origine d'un polymorphisme phénotypique.

• Chez les organismes se reproduisant par reproduction sexuée, seules les mutations affectant les **cellules de la lignée germinale** peuvent être transmises à la descendance.

• Ces innovations sont à l'origine de l'**évolution** du monde vivant.

MÉIOSE ET FÉCONDATION PARTICIPENT À LA STABILITÉ DE L'ESPÈCE

1 Le cycle biologique

• Le nombre de chromosomes de types différents d'une cellule est noté « n ».

• Les **cellules** peuvent être :

– **haploïdes** (à **n** chromosomes) : un seul exemplaire de chaque type chromosomique ;

– **diploïdes** (à **2n** chromosomes) : les chromosomes regroupés par paires sont **homologues** deux à deux.

- Tout **cycle biologique** est marqué par l'alternance d'une **phase haploïde** et d'une **phase diploïde**, d'importances inégales suivant les espèces.
- La **méiose** permet le passage de l'état diploïde à l'état haploïde.
- La **fécondation rétablit la diploïdie**.

2 Les modalités de la méiose

La méiose : suite de **deux divisions**, précédée d'**une seule réplication de l'ADN**, au cours de laquelle on passe d'une **cellule mère diploïde** à 4 **cellules filles haploïdes**.

PREMIÈRE DIVISION	DEUXIÈME DIVISION
• Dite **réductionnelle**, elle donne 2 cellules à n chromosomes à 2 chromatides. • En **prophase I**, l'appariement des chromosomes homologues favorise des enjambements entre les chromatides accolées. • À l'**anaphase I**, les chromosomes homologues de chaque paire se disjoignent et migrent en sens opposés vers les pôles de la cellule.	• Dite **équationnelle**, elle donne 4 cellules à n chromosomes à 1 chromatide. • Elle est comparable à une **mitose**. • À l'**anaphase II**, les centromères se clivent et les chromatides de chaque chromosome se séparent et migrent en sens opposés vers les pôles de la cellule.

3 La fécondation : passage à la diploïdie

ESPÈCES DIPLOÏDES	ESPÈCES HAPLOÏDES
Fécondation : union de 2 gamètes mâle et femelle haploïdes. Fusion des membranes plasmiques des deux gamètes puis fusion des deux pronucleus pour aboutir à la formation de la **cellule œuf** à noyau diploïde.	Deux cellules haploïdes différentes fusionnent. Fécondation au moment de la fusion des noyaux haploïdes aboutissant à la formation de la **cellule œuf**.

4 Des anomalies de la répartition des chromosomes lors de la méiose

- Chez l'Homme, il existe des anomalies du nombre de chromosomes. La plus fréquente est la **trisomie 21**.
- Ces anomalies ont pour origine une **mauvaise répartition des chromosomes lors de la formation des gamètes** : non-disjonction des chromosomes homologues lors de la première division de méiose ou des chromatides lors de la deuxième division de méiose.

MÉIOSE ET FÉCONDATION SONT À L'ORIGINE DU BRASSAGE GÉNÉTIQUE

1 Pour les organismes haploïdes : cas de *Sordaria*

- Croisement : souche sauvage à spores noires et souche mutée à spores jaunes.
- On obtient 6 sortes d'asques où la **disposition ordonnée des spores reflète directement le comportement des chromosomes pendant la méiose**.

ASQUES DE TYPE 4/4	ASQUES DE TYPE 2/2/2/2
• Témoins d'une **disjonction des allèles parentaux lors de la séparation des chromosomes homologues** au cours de l'**anaphase I**. • L'égale fréquence des deux sortes d'asques montre que la **migration des chromosomes homologues** aux pôles de la cellule lors de l'anaphase I se fait de manière **aléatoire**.	• Témoins d'une **disjonction des allèles** lors de la **séparation des chromatides** au cours de l'**anaphase II**. • Lors de la prophase I, les chromatides des deux chromosomes homologues appariés échangent des fragments de chromatides homologues : ***crossing-over***. • Si ce *crossing-over* a lieu **entre le centromère et le *locus* du gène**, il y aura **échange d'allèles** entre les deux chromosomes homologues.

2 Pour les organismes diploïdes

P1 + P2 homozygotes donne F1 homogène, hétérozygote, dont le phénotype révèle les allèles dominants, récessifs ou codominants.

- **Cas du monohybridisme**

Le croisement-test entre F1 hétérozygote et le parent récessif donne F2 présentant les 2 **phénotypes alternatifs** (50 %-50 %). Si autres proportions, suspicion de l'existence de plusieurs gènes.

- **Cas du dihybridisme**

Le croisement-test entre F1 et le parent double récessif donne F2 présentant 2 **phénotypes parentaux** et 2 **phénotypes recombinés**. F1 a donc produit 4 types de gamètes.

- **Phénotypes recombinés**

Recombinés avec la **même proportion** que les phénotypes parentaux, les **gènes sont indépendants**. F1 a produit 4 types de gamètes **équiprobables**, preuve de la **disjonction indépendante et aléatoire** des 2 couples d'allèles, à l'**anaphase I**.
Recombinés avec une **proportion inférieure**, les **gènes sont liés**. F1 a produit 4 types de gamètes **non équiprobables**. Les gamètes recombinés, minoritaires, résultent d'un ***crossing-over*** entre les *locus* des deux gènes à la **prophase I**.

3 Le triple brassage génétique induit par la reproduction sexuée

• **Brassage intrachromosomique**

Se réalise au cours de la **prophase I** de méiose : l'appariement des chromosomes homologues favorise des échanges de segments de chromatides homologues ***(crossing-over)*** à la faveur d'enjambements, d'où de nouvelles combinaisons d'allèles lorsqu'il a lieu entre les *locus* de deux gènes.

• **Brassage interchromosomique**

Se réalise au cours de l'**anaphase I** : disjonction indépendante des paires de chromosomes homologues et migration au hasard vers les pôles de la cellule conduisant à de multiples arrangements entre les chromosomes.

• **Fécondation**

Amplifie ce double brassage, puisqu'elle réalise la **rencontre au hasard de deux gamètes** génétiquement différents. Toute cellule œuf est donc dotée d'une combinaison originale d'allèles.

4 Relations entre mécanismes de l'évolution et génétique

DES INNOVATIONS GÉNÉTIQUES FAVORABLES OU DÉFAVORABLES	DES INNOVATIONS GÉNÉTIQUES SÉLECTIVEMENT NEUTRES	DES INNOVATIONS GÉNÉTIQUES QUI MODIFIENT LE DÉVELOPPEMENT EMBRYONNAIRE
• Au cours de la **sélection naturelle**, les mutations qui confèrent un **avantage sélectif** aux individus qui en sont porteurs ont tendance à se répandre dans la population. • Inversement, les mutations défavorables ont tendance à être éliminées (les individus qui en héritent survivent plus difficilement et se reproduisent moins).	• Les mutations qui ne confèrent ni avantage ni désavantage aux individus qui en héritent sont qualifiées de **neutres**. • Dans une population de faible effectif, la fréquence d'un allèle neutre varie de manière aléatoire d'une génération à l'autre : c'est la **dérive génétique**. • Ainsi, une mutation neutre peut se retrouver **fixée** définitivement dans la population ou bien **éliminée**.	• Le développement est contrôlé par des gènes appelés « **gènes du développement** ». • Certains gènes contrôlent la mise en place des différentes régions du corps selon l'axe antéro-postérieur **(gènes homéotiques)**. • D'autres contrôlent la chronologie du développement. Des mutations de ces gènes entraînent des phénomènes d'**hétérochronie**.

Innovations génétiques 11

A

1 Une mutation modifie la séquence de nucléotides d'un gène. Si cette mutation est ponctuelle et se traduit par une délétion, alors il s'agit :

a. d'un changement de nucléotide par un autre. ☐

b. de l'ajout d'un nucléotide. ☐

c. d'une perte de nucléotide. ☐

2 Les mutations :

a. sont à l'origine du polyallélisme. ☐

b. sont peu fréquentes donc négligeables. ☐

c. expliquent la grande quantité de gènes. ☐

3 Un gène est qualifié de polymorphe si au moins deux de ses allèles sont présents dans l'espèce à une fréquence :

a. inférieure à 1 %. ☐

b. la plus proche de 0 %. ☐

c. supérieure ou égale à 1 %. ☐

4 Les mutations peuvent avoir des conséquences sur les polypeptides synthétisés. On parlera de « mutation faux-sens » si :

a. la chaîne polypeptidique est incomplète. ☐

b. la fonction de la protéine n'est pas modifiée. ☐

c. la fonction de la protéine est modifiée ou altérée. ☐

5 Une famille multigénique est un ensemble de gènes homologues présents dans le génome d'une même espèce et qui :

a. présentent de grandes similitudes. ☐

b. sont strictement identiques. ☐

c. ont toujours la même fonction. ☐

6 De nouveaux gènes différents les uns des autres ont pu être créés grâce :

a. au mécanisme de duplication uniquement. ☐

b. aux mécanismes de duplication et de mutation. ☐

c. uniquement aux mutations. ☐

7 Chez les organismes ayant une reproduction sexuée, les mutations qui peuvent être transmises à la descendance sont celles affectant :

a. les cellules somatiques. ☐

b. les cellules germinales. ☐

c. toutes les cellules de l'organisme (somatiques et germinales). ☐

SCORE : /7

12 Relations entre mécanismes de l'évolution et génétique

D

1 Les individus qui ont la plus grande probabilité de parvenir à maturité sexuelle et donc de se reproduire portent :

- ☐ a. des innovations génétiques importantes.
- ☐ b. des innovations génétiques avantageuses.
- ☐ c. des innovations génétiques neutres.

2 La sélection naturelle est un phénomène orienté, au sein d'une population, par lequel les organismes :

- ☐ a. de par leur caryotype, laissent plus de descendants que d'autres.
- ☐ b. de par leur génotype, laissent plus de descendants que d'autres.
- ☐ c. de par leur génotype, laissent autant de descendants que d'autres.

3 Un allèle qui présente un avantage sélectif est :

- ☐ a. avantageux dans un milieu donné.
- ☐ b. toujours avantageux quel que soit le milieu.
- ☐ c. toujours désavantageux quel que soit le milieu.

4 Certaines mutations, qui ne confèrent ni avantage ni désavantage aux individus qui en héritent, sont qualifiées de :

- ☐ a. positives.
- ☐ b. négatives.
- ☐ c. neutres.

5 Les mutations qui ne confèrent ni avantage ni désavantage aboutissent à un phénomène qualifié de :

- ☐ a. déviation génique avec une variation de la fréquence des allèles.
- ☐ b. dérive génique avec une variation aléatoire de la fréquence des allèles.
- ☐ c. dérive neutre avec variation aléatoire des allèles.

6 Des mutations au niveau des gènes du développement entraînent, au niveau des organismes qui les portent, des modifications de :

- ☐ a. l'aptitude à se développer.
- ☐ b. la maturation des organes sexuels et du pouvoir reproducteur.
- ☐ c. la mise en place des plans de symétrie et de la position des organes.

7 Des mutations affectant des gènes contrôlant la chronologie du développement peuvent provoquer une hétérochronie, c'est-à-dire :

- ☐ a. une modification de la vitesse du développement au cours de l'évolution.
- ☐ b. une modification de la vitesse d'un processus évolutif.
- ☐ c. une variation des stades embryonnaires.

SCORE : /7

B

1 **La méiose est une suite de deux divisions cellulaires :**

a. précédée d'une seule réplication de l'ADN. ☐

b. avec deux réplications de l'ADN dont une entre les deux divisions. ☐

c. avec une seule réplication de l'ADN entre les deux divisions. ☐

2 **La méiose permet de passer :**

a. d'une cellule mère diploïde à deux cellules filles haploïdes. ☐

b. d'une cellule mère haploïde à quatre cellules filles diploïdes. ☐

c. d'une cellule mère diploïde à quatre cellules filles haploïdes. ☐

3 **La première division de la méiose (prophase I, métaphase I, anaphase I et télophase I) permet de donner deux cellules à :**

a. n chromosomes à une chromatide. ☐

b. 2n chromosomes à deux chromatides. ☐

c. n chromosomes à deux chromatides. ☐

4 **L'appariement des chromosomes homologues a lieu durant :**

a. l'anaphase I. ☐

b. la prophase I. ☐

c. la prophase II. ☐

5 **La première division de méiose est dite :**

a. équationnelle. ☐

b. réductionnelle. ☐

c. plurielle. ☐

6 **La deuxième division de la méiose, qui se déroule comme une mitose, permet de donner, à la télophase, quatre cellules à :**

a. n chromosomes à une chromatide. ☐

b. n chromosomes à deux chromatides. ☐

c. 2n chromosomes à une chromatide. ☐

7 **La deuxième division de méiose (prophase II, métaphase II, anaphase II et télophase II) est dite :**

a. répartitionnelle. ☐

b. réductionnelle. ☐

c. équationnelle. ☐

SCORE : /7

14 Les cycles biologiques

F

1 Les cellules haploïdes sont des cellules à :

- [ ] a. n chromosomes.
- [ ] b. 2n chromosomes.
- [ ] c. 2n chromatides.

2 Les cellules diploïdes sont des cellules à :

- [ ] a. n chromosomes.
- [ ] b. 2n chromosomes.
- [ ] c. 4n chromosomes.

3 La fécondation permet de former des cellules :

- [ ] a. haploïdes.
- [ ] b. diploïdes.
- [ ] c. diplophasiques.

4 Dans le cycle biologique des mammifères :

- [ ] a. la phase dominante est la phase diploïde.
- [ ] b. la phase dominante est la phase haploïde.
- [ ] c. la phase haploïde et la phase diploïde ont la même durée.

5 Durant la fécondation, l'étape de fusion des pronucleii s'appelle :

- [ ] a. polygamie.
- [ ] b. cytogamie.
- [ ] c. caryogamie.

6 Dans le cycle biologique d'un champignon ascomycète :

- [ ] a. la phase haploïde et la phase diploïde ont la même durée.
- [ ] b. la phase dominante est la phase diploïde.
- [ ] c. la phase dominante est la phase haploïde.

7 La rencontre de deux filaments mycéliens aboutit à la formation d'un organe appelé :

- [ ] a. asque.
- [ ] b. périthèce.
- [ ] c. spore.

SCORE : /7

Stabilité des génomes

G

1 Le caryotype d'une espèce est caractérisé par un nombre de chromosomes :

a. différent.

b. identique.

c. variable.

2 Chez les individus diploïdes, la méiose permet :

a. de conserver l'état haploïde des cellules.

b. le passage de l'état haploïde à l'état diploïde.

c. le passage de l'état diploïde à l'état haploïde.

3 Chez les champignons ascomycètes, la fécondation permet :

a. de rétablir l'haploïdie.

b. le passage de l'état haploïde à l'état diploïde.

c. de converser l'état diploïde des cellules du mycélium.

4 Chez les mammifères, la méiose intervient :

a. lors de la formation des gamètes.

b. toujours juste après la fécondation.

c. dans n'importe quelle cellule de l'organisme.

5 Un organisme qui présente une phase dominante à 2n chromosomes a un cycle dit :

a. diploïde.

b. haplophasique.

c. diplophasique.

6 La stabilité du génome consiste à :

a. maintenir le nombre de chromosomes de l'espèce.

b. empêcher l'apparition de nouveaux allèles.

c. empêcher l'apparition de nouveaux gènes.

7 La stabilité du caryotype de l'espèce est permise grâce à deux événements :

a. la méiose et la fécondation.

b. la fécondation et les mitoses successives.

c. la mitose et la méiose.

SCORE : /7

16. Les anomalies de répartition des chromosomes

E

1 Chez un organisme diploïde, la cellule œuf peut présenter une aberration du nombre de chromosomes. Dans le cas d'une trisomie :

- [ ] a. le nombre de chromosomes est de n+2.
- [ ] b. le nombre de chromosomes est de 2n+1.
- [ ] c. le nombre de chromosomes est de 2n+3.

2 Quand on parle de « monosomie », cela veut dire que le nombre de chromosomes est de :

- [ ] a. n.
- [ ] b. 2n+1.
- [ ] c. 2n–1.

3 Les anomalies chromosomiques ont pour origine une mauvaise répartition des chromosomes lors de :

- [ ] a. la formation des gamètes (méiose).
- [ ] b. la fécondation.
- [ ] c. la mitose.

4 La non-disjonction des chromosomes homologues, qui peut être une des causes de cette mauvaise répartition des chromosomes, a lieu durant :

- [ ] a. l'anaphase de la deuxième division de la méiose.
- [ ] b. l'anaphase de la première division de la méiose.
- [ ] c. la prophase de la première division de la méiose.

5 La non-disjonction des chromatides des chromosomes, qui peut être une cause de la mauvaise répartition des chromosomes, a lieu durant :

- [ ] a. l'anaphase de la deuxième division de la méiose.
- [ ] b. l'anaphase de la première division de la méiose.
- [ ] c. la prophase de la deuxième division de la méiose.

6 Les anomalies du nombre de chromosomes sont des accidents dont la fréquence augmente avec :

- [ ] a. une mauvaise alimentation.
- [ ] b. l'âge de l'individu.
- [ ] c. la consommation de tabac et d'alcool.

7 Si l'on croise un gamète avec n+1 chromosomes et un gamète à n chromosomes, on obtient une cellule œuf :

- [ ] a. qui dégénère toujours.
- [ ] b. à 2n chromosomes.
- [ ] c. à 2n+1 chromosomes.

SCORE : /7

La séparation des allèles lors de la méiose chez les organismes haploïdes

17

D

1 Chez un organisme haploïde comme *Sordaria*, le phénotype des spores :

a. ne permet pas de déterminer directement le génotype. ☐

b. traduit directement le génotype. ☐

c. permet de connaître le caryotype. ☐

2 Si l'on croise une souche de *Sordaria* à spores noires avec une souche de *Sordaria* à spores jaunes, les asques issus de ce croisement contiennent :

a. deux sortes d'asques contenant chacun 4 spores. ☐

b. six sortes d'asques contenant chacun 8 spores. ☐

c. huit sortes d'asques contenant chacun 6 spores. ☐

3 Le croisement de deux souches différentes chez *Sordaria* a permis de voir un phénomène – le *crossing over* – ayant lieu lors de l'appariement :

a. des chromosomes homologues pendant la prophase I de la méiose. ☐

b. des chromosomes hétérologues pendant la prophase II de la méiose. ☐

c. des chromosomes liés pendant la prophase I de la méiose. ☐

4 Le *crossing-over* correspond à :

a. un échange de portions entre chromatides sœurs. ☐

b. un échange de portions de chromatides entre chromosomes liés. ☐

c. un échange de portions de chromatides entre chromosomes homologues. ☐

5 Chez *Sordaria*, les asques de type 4/4 montrent que la disjonction des allèles parentaux s'est produite lors de :

a. l'appariement des chromosomes homologues en prophase I. ☐

b. la séparation des chromosomes homologues en anaphase I. ☐

c. la séparation des chromatides sœurs en anaphase I. ☐

6 Chez *Sordaria*, les asques de type 2/2/2/2 montrent que la disjonction des allèles parentaux ne s'est produite qu'au moment de :

a. la disjonction des chromosomes homologues et après *crossing-over*. ☐

b. la disjonction des chromatides en anaphase II et avant *crossing-over*. ☐

c. la disjonction des chromatides en anaphase II et après *crossing-over*. ☐

7 La fréquence des asques de type 2/2/2/2 est :

a. faible car les *crossing-over* sont relativement peu fréquents. ☐

b. importante car les *crossing-over* se réalisent à chaque fois. ☐

c. identique à celle des asques de type 4/4. ☐

SCORE : /7

18 L'étude des phénotypes et des génotypes lors de croisements chez les diploïdes

H

1 Chez les organismes diploïdes, les cellules somatiques possèdent des paires de chromosomes homologues. Les individus homozygotes :

- ☐ a. possèdent toujours le même allèle de chaque gène de leur génome.
- ☐ b. ne possèdent pas les mêmes allèles pour un gène donné.
- ☐ c. possèdent, pour un gène donné, deux allèles identiques.

2 Lorsque deux allèles différents d'un même gène sont présents, ils s'expriment conjointement dans le phénotype s'ils sont :

- ☐ a. codominants.
- ☐ b. récessifs.
- ☐ c. liés.

3 Le croisement entre deux parents P1 et P2 de lignée pure, qui diffèrent par un ou deux caractères, donne une génération F1 hétérozygote dont :

- ☐ a. le génotype révèle les allèles dominants, récessifs ou codominants.
- ☐ b. le phénotype révèle les allèles dominants, récessifs ou codominants.
- ☐ c. le phénotype révèle seuls les allèles récessifs.

4 Dans le cas d'un croisement-test, l'individu de phénotype dominant dont on cherche à connaître le génotype est croisé avec un individu :

- ☐ a. hétérozygote.
- ☐ b. homozygote récessif.
- ☐ c. homozygote dominant.

5 Pour un croisement entre deux parents qui diffèrent par un seul caractère gouverné par un seul gène, le croisement-test donne une descendance :

- ☐ a. présentant les deux phénotypes parentaux dans les proportions ½ et ½.
- ☐ b. présentant les deux phénotypes parentaux dans les proportions ¼ et ¾.
- ☐ c. ne présentant qu'un seul des deux phénotypes parentaux.

6 Dans le cas du dihybridisme, chaque caractère étant gouverné par un gène, le croisement-test donne une descendance présentant :

- ☐ a. quatre phénotypes parentaux.
- ☐ b. quatre phénotypes recombinés.
- ☐ c. deux phénotypes parentaux et deux phénotypes recombinés.

7 Les quatre phénotypes obtenus à l'issu d'un croisement-test P1 avec F1 hétérozygote et dans le cas d'un dihybridisme montrent que F1 produit :

- ☐ a. quatre types de gamètes.
- ☐ b. quatre types de gamètes équiprobables.
- ☐ c. quatre types de gamètes non équiprobables.

SCORE : /7

Gènes indépendants et gènes liés dans le cas d'un dihybridisme 19

C

1 Lors d'un croisement-test entre un individu P1 et un individu F1 hétérozygotes, les quatre types de gamètes produits par F1 témoignent :

a. d'une recombinaison des allèles parentaux lors de la méiose. ☐

b. d'une recombinaison des allèles recombinés lors de la méiose. ☐

c. d'une recombinaison des allèles parentaux lors de la fécondation. ☐

2 Lorsque les phénotypes recombinés obtenus à l'issue d'un croisement-test sont dans la même proportion que les phénotypes parentaux :

a. les gènes sont homologues. ☐

b. les gènes sont indépendants. ☐

c. les gènes sont liés. ☐

3 Lorsque les phénotypes recombinés obtenus à l'issue d'un croisement-test sont dans une moindre proportion que les phénotypes parentaux :

a. les gènes sont liés. ☐

b. les gènes sont indépendants. ☐

c. les gènes sont hétérozygotes. ☐

4 Les gènes liés sont situés sur :

a. deux paires différentes de chromosomes homologues. ☐

b. deux chromatides sœurs d'un chromosome. ☐

c. la même paire de chromosomes homologues. ☐

5 Lorsque les gènes sont indépendants, l'individu hétérozygote F1 produit quatre types de gamètes équiprobables prouvant une disjonction :

a. dépendante des deux couples d'allèles en anaphase I. ☐

b. indépendante et aléatoire des deux couples d'allèles en anaphase II. ☐

c. indépendante et aléatoire des deux couples d'allèles en anaphase I. ☐

6 Lorsque les gènes sont liés, l'individu hétérozygote produit quatre types de gamètes non équiprobables montrant :

a. une forte proportion de gamètes recombinés. ☐

b. une faible proportion de gamètes recombinés. ☐

c. une faible proportion de gamètes parentaux. ☐

7 L'existence de gamètes recombinés dans le cas de deux gènes liés résulte :

a. d'un phénomène aléatoire lors de la migration des chromosomes. ☐

b. du phénomène de *crossing-over* entre chromatides sœurs. ☐

c. du phénomène de *crossing-over* entre les locus des deux gènes. ☐

SCORE : /7

20 Le brassage génétique induit par la reproduction sexuée

B

1 Le brassage intrachromosomique est dû à :

- ☐ a. un phénomène de *crossing-over* en prophase I.
- ☐ b. la séparation aléatoire de chromosomes homologues en anaphase I.
- ☐ c. la séparation des chromatides sœurs en anaphase II.

2 Le brassage interchromosomique est dû à :

- ☐ a. la séparation des chromatides sœurs en anaphase II.
- ☐ b. un phénomène de *crossing-over* en prophase I.
- ☐ c. la séparation aléatoire de chromosomes homologues en anaphase I.

3 Les *crossing-over* sont le résultat d'échanges de portions de chromatides à la faveur d'enjambements formant une figure appelée :

- ☐ a. chiasme visible au microscope optique.
- ☐ b. chiasma uniquement visible au microscope électronique.
- ☐ c. chiasma visible au microscope optique.

4 Chez un individu hétérozygote pour trois gènes liés présents, le brassage qui a lieu en prophase I permet la formation de :

- ☐ a. 2×3 soit six gamètes différents mais non équiprobables.
- ☐ b. 2^3 soit huit gamètes différents mais non équiprobables.
- ☐ c. 3^2 soit neuf gamètes différents équiprobables.

5 Pour deux paires de chromosomes homologues portant chacune deux allèles différents d'un gène, le brassage qui a lieu en anaphase I permet d'obtenir :

- ☐ a. quatre types de gamètes différents mais non équiprobables.
- ☐ b. quatre types de gamètes différents et équiprobables.
- ☐ c. huit types de gamètes différents et équiprobables.

6 Les combinaisons originales d'allèles obtenues chez les descendants correspondent à des brassages successifs qui sont, dans l'ordre :

- ☐ a. le brassage intra puis interchromosomique puis la fécondation.
- ☐ b. le brassage intra puis interchromosomique.
- ☐ c. le brassage inter puis intrachromosomique puis la fécondation.

7 Lors de la reproduction sexuée, la fécondation :

- ☐ a. n'intervient pas dans les phénomènes de brassages génétiques.
- ☐ b. diminue le brassage car elle réalise une rencontre au hasard des gamètes.
- ☐ c. amplifie le brassage car elle réalise une rencontre au hasard des gamètes.

SCORE : /7

F

1 Les individus qui ont la plus grande probabilité de parvenir à maturité sexuelle et donc de se reproduire portent :

a. des innovations génétiques avantageuses. ☐

b. des innovations génétiques neutres. ☐

c. des innovations génétiques importantes. ☐

2 La non-disjonction des chromosomes homologues, qui peut être une des causes de cette mauvaise répartition des chromosomes, a lieu durant :

a. la prophase de la première division de la méiose. ☐

b. l'anaphase de la première division de la méiose. ☐

c. l'anaphase de la deuxième division de la méiose. ☐

3 Chez *Sordaria*, les asques de type 2/2/2/2 montrent que la disjonction des allèles parentaux ne s'est produite qu'au moment de :

a. la disjonction des chromosomes homologues et après *crossing-over*. ☐

b. la disjonction des chromatides en anaphase II et après *crossing-over*. ☐

c. la disjonction des chromatides en anaphase II et avant *crossing-over*. ☐

4 L'appariement des chromosomes homologues a lieu durant :

a. la prophase I. ☐

b. la prophase II. ☐

c. l'anaphase I. ☐

5 Des mutations affectant des gènes contrôlant la chronologie du développement peuvent provoquer une hétérochronie, c'est-à-dire :

a. une variation des stades embryonnaires. ☐

b. une modification de la vitesse d'un processus évolutif. ☐

c. une modification de la vitesse du développement au cours de l'évolution. ☐

6 La première division de la méiose (prophase I, métaphase I, anaphase I et télophase I) permet de donner 2 cellules à :

a. 2n chromosomes à 2 chromatides. ☐

b. n chromosomes à 1 chromatide. ☐

c. n chromosomes à 2 chromatides. ☐

7 Le brassage interchromosomique est dû à :

a. un phénomène de *crossing-over* en prophase I. ☐

b. la séparation aléatoire de chromosomes homologues en anaphase I. ☐

c. la séparation des chromatides sœurs en anaphase II. ☐

SCORE : /7

Bilan 2

H

1 La stabilité du caryotype de l'espèce est permise grâce à deux événements :

- ☐ a. la fécondation et les mitoses successives.
- ☐ b. la mitose et la méiose.
- ☐ c. la méiose et la fécondation.

2 La rencontre de deux filaments mycéliens aboutit à la formation d'un organe appelé :

- ☐ a. périthèce.
- ☐ b. spore.
- ☐ c. asque.

3 Le brassage intrachromosomique est dû à :

- ☐ a. la séparation aléatoire de chromosomes homologues en anaphase I.
- ☐ b. un phénomène de *crossing-over* en prophase I.
- ☐ c. la séparation des chromatides sœurs en anaphase II.

4 Lorsque les phénotypes recombinés obtenus à l'issue d'un croisement-test sont dans la même proportion que les phénotypes parentaux :

- ☐ a. les gènes sont homologues.
- ☐ b. les gènes sont indépendants.
- ☐ c. les gènes sont liés.

5 Dans le cas du dihybridisme, chaque caractère étant gouverné par un gène, le croisement-test donne une descendance présentant :

- ☐ a. 2 phénotypes parentaux et 2 phénotypes recombinés.
- ☐ b. 4 phénotypes recombinés.
- ☐ c. 4 phénotypes parentaux.

6 La deuxième division de la méiose, qui se déroule comme une mitose, permet de donner, à la télophase, 4 cellules à :

- ☐ a. 2n chromosomes à 1 chromatide.
- ☐ b. n chromosomes à 2 chromatides.
- ☐ c. n chromosomes à 1 chromatide.

7 Une famille multigénique est un ensemble de gènes homologues présents dans le génome d'une même espèce et qui :

- ☐ a. présentent de grandes similitudes.
- ☐ b. ont toujours la même fonction.
- ☐ c. sont strictement identiques.

SCORE : /7

La convergence lithosphérique et ses effets

CONVERGENCE ET SUBDUCTION

1 Les caractéristiques des zones de subduction

• La présence de reliefs particuliers

Reliefs négatifs : **fosse océanique** étroite et profonde.
Reliefs positifs : chaîne volcanique (relief de montagnes ou suite d'îles volcaniques formant un arc insulaire).

• Une importante activité magmatique

En surface : **volcanisme** de type **explosif (andésite)**.
En profondeur : **plutons** et **granitoïdes (granodiorite)**.

• Une forte activité sismique au niveau de la plaque chevauchante

La profondeur des **foyers sismiques** augmente lorsqu'on s'éloigne de la fosse océanique en direction de l'arc magmatique (plan incliné dit « **plan de Benioff** »).

• Une répartition particulière des flux de chaleur

Au niveau de la **fosse** : **anomalie négative** liée au plongement de la lithosphère océanique plus froide que le manteau environnant.
Au niveau de l'**arc magmatique** : **anomalie positive** liée à la présence d'une activité magmatique.

• Des déformations lithosphériques importantes

Plaque chevauchante intensément déformée : **plis**, **failles inverses**, **chevauchements**.
Prisme d'accrétion sédimentaire plus ou moins développé.
Toutes ces structures témoignent de **contraintes tectoniques compressives** dues à la convergence.

2 Le moteur de la subduction

- **Augmentation** de la densité de la lithosphère océanique.
- **Poussée latérale** exercée au niveau des zones de divergence.
- **Traction** exercée par le plongement de la plaque subductée.

3 Métamorphisme et magmatisme

• Le métamorphisme lié à la subduction

Métamorphisme dit de **hautes pressions** et **basses températures** : nouveaux minéraux plus stables tels que le **glaucophane**, la **jadéite** puis le **grenat (éclogite)**.
Au cours de ces transformations, on assiste à une **déshydratation** de la lithosphère océanique subduite.

Les minéraux du métamorphisme permettent ainsi de retracer l'histoire d'une roche entraînée en profondeur, car chaque minéral est caractéristique d'un domaine de pression-température déterminé. Cette évolution au cours du temps peut être visualisée sur un **diagramme Pression – Température – temps** (diagramme PTt).

• **Le magmatisme lié à la subduction**

L'eau issue de la déshydratation des roches de la plaque subduite va venir **hydrater les péridotites**, abaissant alors leur température de fusion partielle.

Deux types de refroidissement :

– structure **grenue** à l'œil nu pour les roches plutoniques avec refroidissement lent ;

– structure **microlitique** pour les roches volcaniques avec refroidissement rapide.

La composition minéralogique montre, par exemple, la présence de plagioclases et de pyroxène dans les andésites et de plagioclases, de quartz et de biotite dans les granodiorites. Les **rhyolites**, roches volcaniques plus riches en silice, présentent des phénocristaux de quartz et de feldspath potassique.

La genèse des granitoïdes, roches caractéristiques de la croûte continentale, est donc liée au phénomène de subduction qui apparaît comme le principal mécanisme à l'origine de celle-ci.

CONVERGENCE ET COLLISION CONTINENTALE

1 Les témoins

• **Les témoins d'anciennes marges passives**

Blocs basculés limités par des **failles normales** correspondant à la formation d'une **marge passive**.

Fossiles marins comme les **Ammonites** attestant de la présence d'une mer relativement profonde.

Sédiments syn-rift qui reposent sur les **sédiments ante-rift**. Par-dessus, reposent en discordance les **sédiments post-rift**, non affectés par les failles.

• **Les roches, témoins d'une ancienne lithosphère océanique**

Les ophiolites, succession de trois types de roches caractéristiques d'une lithosphère océanique :

– des **basaltes** en forme de coussin, les **pillow lavas** (sommet de la croûte océanique) ;

– des **gabbros** (soubassement de la croûte océanique) ;

– des **péridotites** (manteau supérieur).

Cette association de roches constitue un vestige d'une ancienne lithosphère océanique qui a été portée à plusieurs milliers de mètres d'altitude par un phénomène de **charriage**.

Ces roches sont peu déformées, signe qu'elles sont restées à la surface de la lithosphère (échappant à la subduction) et ont été épargnées par les déformations dues à la collison continentale.

• **Les minéraux, témoins de la subduction ante-collision**

Les **gabbros** sont des minéraux caractéristiques de zones de hautes pressions et basses températures.

Les **métagabbros** du Queyras, par exemple, renferment des minéraux appartenant au **faciès des schistes bleus (glaucophane)**.

Les **métagabbros** du Mont Viso renferment du **grenat** et de la **jadéite** caractéristiques du **faciès des éclogites**.

Ces minéraux témoignent d'une **subduction** d'une profondeur de 30 à 50 km pour les roches ayant subi un métamorphisme dans le faciès des schistes bleus et de 50 à 90 km pour le faciès des éclogites.

2 Les marqueurs de la collision continentale

Marqueurs tectoniques	• **Plis** : déformations souples qui enregistrent le raccourcissement de la couverture sédimentaire. • Fracture des roches au niveau des **failles inverses** : le compartiment supérieur à la faille chevauche le compartiment inférieur ; ces failles traduisent un raccourcissement. • **Chevauchement** qui peut être de grande envergure : charriage traduisant un raccourcissement.
Marqueurs morphologiques	• **Reliefs élevés** atteignant plusieurs milliers de mètres : massifs la plupart du temps orientés parallèlement à l'**axe de la chaîne**. • Ces reliefs élevés sont dus à des contraintes compressives qui ont entraîné un raccourcissement et des chevauchements de grandes envergures, avec pour conséquence immédiate un épaississement de la croûte continentale.
Marqueurs structuraux profonds	Les profils sismiques montrent que la chaîne est caractérisée par : – une **racine crustale** profonde qui témoigne d'un épaississement de la croûte continentale : la discontinuité du **Moho** est à plus de 50 km de profondeur à l'aplomb des grands massifs. – un **empilement d'unités crustales**, séparées par de grands chevauchements traversant à la fois la croûte et le manteau.

21 Les marqueurs des zones de subduction

D

1 **Le ou les marqueurs caractéristiques des zones de subduction sont :**

- [ ] **a.** l'anomalie thermique positive au niveau de la fosse océanique.
- [ ] **b.** les reliefs positif et négatif, et les activités sismiques et volcaniques.
- [ ] **c.** la présence de failles normales au niveau des arcs volcaniques.

2 **Les marges continentales actives présentes dans les zones de subduction sont caractérisées par :**

- [ ] **a.** l'absence de toute activité volcanique.
- [ ] **b.** des activités volcaniques et sismiques.
- [ ] **c.** la présence d'un volcanisme de type effusif.

3 **La profondeur des foyers sismiques dans les zones de subduction :**

- [ ] **a.** augmente de la fosse océanique en direction de l'arc magmatique.
- [ ] **b.** augmente de l'arc magmatique vers la fosse océanique.
- [ ] **c.** diminue de la fosse océanique en direction de l'arc magmatique.

4 **Les foyers sismiques dans les zones de subduction sont répartis sur :**

- [ ] **a.** un plan vertical appelé plan de Benioff.
- [ ] **b.** un plan horizontal appelé plan de Benioff.
- [ ] **c.** un plan incliné plongeant de la fosse sous la plaque chevauchante.

5 **La distribution des foyers sismiques dans les zones de subduction révèle :**

- [ ] **a.** le plongement d'une lithosphère océanique ductile dans le manteau.
- [ ] **b.** le plongement d'une lithosphère océanique rigide dans le manteau.
- [ ] **c.** le plongement d'une lithosphère continentale rigide dans le manteau.

6 **Les arcs magmatiques des zones de subduction sont localisés :**

- [ ] **a.** à la fois sur la plaque chevauchante et sur la plaque subductée.
- [ ] **b.** sur la plaque subductée.
- [ ] **c.** sur la plaque chevauchante.

7 **Dans certaines zones de subduction, les prismes d'accrétion se sont formés par :**

- [ ] **a.** l'accumulation de sédiments bloqués par la plaque chevauchante.
- [ ] **b.** l'accumulation de plancher basaltique piégé dans la fosse.
- [ ] **c.** des sédiments entraînés en profondeur.

SCORE : /7

Les transformations de la lithosphère océanique au cours de l'expansion et le moteur de la subduction

22

A

1 Au cours de l'expansion océanique, les roches de la lithosphère océanique subissent un métamorphisme :

a. de hautes pressions et basses températures avec hydratation. ☐

b. de basses pressions et basses températures avec déshydratation. ☐

c. de type hydrothermal avec hydratation et diminution de la température. ☐

2 Les gabbros de la lithosphère, avant d'entrer en subduction, sont des roches métamorphisées qui sont caractérisées par la présence de :

a. minéraux hydratés comme la hornblende et la chlorite. ☐

b. minéraux déshydratés comme la hornblende et la chlorite. ☐

c. minéraux hydratés comme le glaucophane. ☐

3 Les mécanismes à l'origine de la subduction sont en partie liés à la poussée latérale exercée au niveau des zones de divergence mais aussi :

a. liés au réchauffement de la lithosphère océanique âgée. ☐

b. liés à la faible densité de la lithosphère océanique âgée. ☐

c. dus à une augmentation de la densité de la lithosphère océanique. ☐

4 L'augmentation de la densité de la lithosphère océanique au fur et à mesure de son éloignement de la dorsale est liée à :

a. un réchauffement progressif de la lithosphère. ☐

b. un refroidissement progressif et un épaississement de sa croûte. ☐

c. un refroidissement progressif et un épaississement de son manteau. ☐

5 Un des facteurs amplifiant le plongement de la lithosphère océanique est lié aux modifications minéralogiques des roches la composant car :

a. les éclogites ont une densité supérieure à celle des roches initiales. ☐

b. les éclogites ont une densité inférieure à celle des roches initiales. ☐

c. le gabbro à glaucophane a une densité supérieure à celle d'une éclogite. ☐

6 La vitesse de plongement de la lithosphère océanique est favorisée par :

a. une diminution de la résistance des matériaux encaissants. ☐

b. l'âge de la lithosphère et la traction exercée par sa descente. ☐

c. une augmentation de la résistance des matériaux encaissants. ☐

7 La déshydratation des roches de la plaque subduite :

a. freine la subduction car elle entraîne une augmentation de la densité. ☐

b. favorise la subduction car elle entraîne une augmentation de densité. ☐

c. favorise la subduction car elle entraîne une diminution de la densité. ☐

SCORE : /7

23 Les transformations de la lithosphère océanique lors de la subduction

E

1 **Le réchauffement lent de la lithosphère océanique lors de la subduction permet à celle-ci de lui conserver un comportement :**

- ☐ a. ductile expliquant la présence de séismes à de grande profondeur.
- ☐ b. cassant expliquant la présence de séismes à de grande profondeur.
- ☐ c. cassant expliquant la présence de foyers sismiques dans l'asthénosphère.

2 **Les gabbros et les basaltes de la croûte océanique subissent au cours de la subduction :**

- ☐ a. un métamorphisme de Haute température – Basse pression.
- ☐ b. un métamorphisme de Haute température – Haute pression.
- ☐ c. un métamorphisme de Basse température – Haute pression.

3 **La glaucophane est un minéral caractéristique des roches :**

- ☐ a. issues d'un métamorphisme Moyenne pression – Basse température.
- ☐ b. appartenant au faciès des schistes verts.
- ☐ c. issues d'un métamorphisme de Basse pression – Haute température.

4 **L'éclogite est :**

- ☐ a. une roche magmatique contenant du grenat.
- ☐ b. une roche métamorphique contenant du grenat.
- ☐ c. une roche métamorphique contenant des plagioclases.

5 **Le grenat est un minéral déshydraté caractéristique des roches :**

- ☐ a. métamorphiques comme l'éclogite.
- ☐ b. appartenant au faciès des schistes bleus.
- ☐ c. appartenant au faciès des schistes verts.

6 **Les minéraux témoins d'un enfouissement à grandes profondeurs sont :**

- ☐ a. la hornblende et la chlorite.
- ☐ b. le grenat et la jadéite.
- ☐ c. le plagioclase et le pyroxène.

7 **Lors de la subduction et à partir d'une profondeur comprise entre 30 et 80 km, les roches de la lithosphère océanique subissent :**

- ☐ a. une déshydratation des minéraux originels et l'apparition de glaucophane.
- ☐ b. une hydratation des minéraux originels et l'apparition de grenat.
- ☐ c. une déshydratation des minéraux originels et l'apparition de grenat.

SCORE : /7

Le magmatisme associé aux zones de subduction

24

G

1 Le volcanisme des zones de subduction est caractérisée par :

a. des roches de type andésite issues d'un volcanisme effusif. ☐

b. des roches de type andésite issues d'un volcanisme explosif. ☐

c. des roches de type granodiorite issues d'un volcanisme explosif. ☐

2 Les granodiorites présentes dans les zones de subduction sont :

a. des roches métamorphiques. ☐

b. des roches magmatiques volcaniques. ☐

c. des roches magmatiques plutoniques. ☐

3 Quel que soit le type de subduction, le plan de Benioff est situé à une certaine profondeur sous l'arc magmatique qui est :

a. de quelques kilomètres. ☐

b. d'une centaine de kilomètres. ☐

c. d'environ 400 à 500 kilomètres. ☐

4 Les péridotites du manteau de la plaque chevauchante et situées à une profondeur d'environ 80 km peuvent entrer en fusion partielle car :

a. elles sont hydratées et leur température de fusion est ainsi plus faible. ☐

b. elles sont à une température suffisamment élevée, supérieure à 1400 °C. ☐

c. elles subissent une augmentation de pression. ☐

5 Les andésites, roches magmatiques, se sont refroidies :

a. lentement et présentent une structure microlitique avec pâte vitreuse. ☐

b. rapidement et présentent une structure grenue avec pâte vitreuse. ☐

c. rapidement et présentent une structure microlitique avec pâte vitreuse. ☐

6 Les granodiorites, roches magmatiques, se sont refroidies lentement et présentent :

a. une structure holocristalline. ☐

b. des microlites de feldspath. ☐

c. une partie non cristallisée. ☐

7 La lave issue d'un magma des zones de subduction est :

a. visqueuse et riche en silice. ☐

b. visqueuse et pauvre en silice. ☐

c. fluide et riche en silice. ☐

SCORE : /7

25 Les marqueurs d'un ancien océan

F

1 Dans les Alpes, les blocs basculés et les failles normales sont les témoins :

- [ ] a. d'une ancienne marge passive.
- [ ] b. d'une ancienne marge active.
- [ ] c. de la fermeture d'un océan.

2 Les Ammonites présentes dans les sédiments associés aux blocs basculés sont des fossiles :

- [ ] a. marins qui témoignent de la présence d'un ancien océan peu profond.
- [ ] b. marins qui témoignent de la présence d'une mer assez profonde.
- [ ] c. qui témoignent de la présence d'anciens lacs.

3 Les sédiments syn-rift (en forme d'éventail) datant du Jurassique inférieur et moyen, au niveau des blocs basculés, se sont déposés :

- [ ] a. pendant la phase d'expansion océanique.
- [ ] b. pendant l'ouverture d'un rift continental ancien.
- [ ] c. après l'ouverture de l'océan Alpin.

4 Les complexes ophiolitiques présents dans les chaînes de montagnes correspondent à une portion :

- [ ] a. d'une ancienne lithosphère océanique ayant échappé à la subduction.
- [ ] b. d'une lithosphère océanique actuellement au fond des océans.
- [ ] c. d'une croûte océanique ayant échappé à la subduction.

5 Les ophiolites sont constituées par la succession de roches suivantes :

- [ ] a. sédiments marins, basaltes en coussins et métagabbros.
- [ ] b. sédiments marins et granite.
- [ ] c. basaltes en coussins, métagabbros et péridotites serpentinisées.

6 Les roches composant les ophiolites gardent les traces :

- [ ] a. de déformations importantes liées à la collision.
- [ ] b. d'un métamorphisme de subduction.
- [ ] c. d'un métamorphisme hydrothermal.

7 Les ophiolites se retrouvent en altitude car, au cours du phénomène de convergence :

- [ ] a. elles se sont formées en altitude.
- [ ] b. elles ont été charriées.
- [ ] c. elles ont été plissées.

SCORE : /7

Les marqueurs de la subduction ante-collision

26

D

1 Certains gabbros récoltés dans les Alpes gardent les traces d'un métamorphisme de subduction car ils présentent :

a. des minéraux caractéristiques de Basse Pression et Haute Température. ☐

b. des minéraux caractéristiques de Haute Pression et Basse Température. ☐

c. des minéraux caractéristiques d'un métamorphisme hydrothermal. ☐

2 Les métagabbros à glaucophane du Queyras sont caractérisés par des pyroxènes reliques auréolés de :

a. grenat. ☐

b. glaucophane. ☐

c. hornblende. ☐

3 Les roches du Mont Viso issues d'un métamorphisme Haute Pression sont des :

a. éclogites. ☐

b. ophiolites. ☐

c. basaltes en coussins. ☐

4 Les roches métamorphiques du Queyras et du Mont Viso témoignent :

a. d'une collision. ☐

b. d'une accrétion. ☐

c. d'une ancienne subduction. ☐

5 Les minéraux caractéristiques des métagabbros du Queyras sont :

a. du grenat et de la jadéite. ☐

b. du glaucophane. ☐

c. des pyroxènes et des plagioclases. ☐

6 Les minéraux caractéristiques des éclogites du Mont Viso sont :

a. du glaucophane. ☐

b. de l'hornblende verte. ☐

c. du grenat et de la jadéite. ☐

7 Dans les Alpes, l'intensité du métamorphisme est :

a. croissante d'Ouest en Est. ☐

b. croissante d'Est en Ouest. ☐

c. la même partout. ☐

SCORE : /7

27 Les marqueurs de la collision continentale

B

1 **La collision continentale correspond à :**

- ☐ a. la rencontre de deux lithosphères continentales.
- ☐ b. la rencontre de deux croûtes océaniques.
- ☐ c. la rencontre d'une croûte océanique et d'une croûte continentale.

2 **Au cours de la collision, les roches se fracturent au niveau de failles inverses où le compartiment :**

- ☐ a. d'un bloc coulisse horizontalement par rapport à l'autre bloc.
- ☐ b. inférieur à la faille chevauche le compartiment supérieur.
- ☐ c. supérieur à la faille chevauche le compartiment inférieur.

3 **Les nappes de charriage correspondent à des chevauchements :**

- ☐ a. de faible envergure avec des terrains déplacés sur des centaines de mètres.
- ☐ b. d'envergure moyenne de l'ordre du kilomètre.
- ☐ c. de grande envergure avec des terrains déplacés sur des dizaines de km.

4 **Les chevauchements correspondent à :**

- ☐ a. la superposition de terrains plus jeunes sur des terrains anciens.
- ☐ b. la superposition de terrains anciens sur des terrains plus jeunes.
- ☐ c. des terrains verticaux.

5 **La collision entraîne :**

- ☐ a. la formation d'un fossé d'effondrement.
- ☐ b. un raccourcissement et un épaississement.
- ☐ c. un raccourcissement et un amincissement.

6 **La racine crustale sous les Alpes correspond à un épaississement de :**

- ☐ a. la croûte continentale par empilement d'unités crustales fracturées.
- ☐ b. la croûte continentale qui forme alors un relief négatif.
- ☐ c. la partie supérieure du manteau lithosphérique.

7 **Un profil sismique effectué au niveau d'une chaîne de montagnes issues d'une collision montre :**

- ☐ a. un étirement de la croûte continentale et un Moho proche de la surface.
- ☐ b. un épaississement de la lithosphère et un Moho profond à plus de 50 km.
- ☐ c. un épaississement de la croûte continentale et un Moho à plus de 50 km.

SCORE : /7

H

1 Les gabbros et les basaltes de la croûte océanique subissent au cours de la subduction :

a. un métamorphisme de Haute température – Haute pression. ☐

b. un métamorphisme de Haute température – Basse pression. ☐

c. un métamorphisme de Basse température – Haute pression. ☐

2 Au cours de la collision, les roches se fracturent au niveau de failles inverses où le compartiment :

a. supérieur à la faille chevauche le compartiment inférieur. ☐

b. inférieur à la faille chevauche le compartiment supérieur. ☐

c. d'un bloc coulisse horizontalement par rapport à l'autre bloc. ☐

3 Dans les Alpes, l'intensité du métamorphisme est :

a. croissante d'Est en Ouest. ☐

b. croissante d'Ouest en Est. ☐

c. la même partout. ☐

4 Au cours de l'expansion océanique, les roches de la lithosphère océanique subissent un métamorphisme :

a. de hautes pressions et basses températures avec hydratation. ☐

b. de type hydrothermal avec hydratation et diminution de la température. ☐

c. de basses pressions et basses températures avec déshydratation. ☐

5 Les complexes ophiolitiques présents dans les chaînes de montagnes correspondent à une portion :

a. d'une ancienne lithosphère océanique ayant échappé à la subduction. ☐

b. d'une croûte océanique ayant échappé à la subduction. ☐

c. d'une lithosphère océanique actuellement au fond des océans. ☐

6 Lors de la subduction et à partir d'une profondeur comprise entre 30 et 80 km, les roches de la lithosphère océanique subissent :

a. une déshydratation des minéraux originels et l'apparition de glaucophane. ☐

b. une hydratation des minéraux originels et l'apparition de grenat. ☐

c. une déshydratation des minéraux originels et l'apparition de grenat. ☐

7 Les roches composant les ophiolites gardent les traces :

a. d'un métamorphisme hydrothermal. ☐

b. de déformations importantes liées à la collision. ☐

c. d'un métamorphisme de subduction. ☐

SCORE : /7

Bilan 2

A

1 Les péridotites du manteau de la plaque chevauchante et situées à une profondeur d'environ 80 km peuvent entrer en fusion partielle car :

☐ **a.** elles sont à une température suffisamment élevée, supérieure à 1400°C.
☐ **b.** elles subissent une augmentation de pression.
☐ **c.** elles sont hydratées et leur température de fusion est ainsi plus faible.

2 La profondeur des foyers sismiques dans les zones de subduction :

☐ **a.** augmente de la fosse océanique en direction de l'arc magmatique.
☐ **b.** augmente de la fosse océanique en direction de la plaque subductée.
☐ **c.** diminue de la fosse océanique en direction de l'arc magmatique.

3 La déshydratation des roches de la plaque subduite :

☐ **a.** freine la subduction car elle entraîne une augmentation de la densité.
☐ **b.** favorise la subduction car elle entraîne une diminution de la densité.
☐ **c.** favorise la subduction car elle entraîne une augmentation de densité.

4 Certains gabbros récoltés dans les Alpes gardent les traces d'un métamorphisme de subduction car ils présentent :

☐ **a.** des minéraux caractéristiques de Basse Pression et Haute Température.
☐ **b.** des minéraux caractéristiques d'un métamorphisme hydrothermal.
☐ **c.** des minéraux caractéristiques de Haute Pression et Basse Température.

5 Dans les Alpes, les blocs basculés et les failles normales sont les témoins :

☐ **a.** d'une ancienne marge passive.
☐ **b.** d'une ancienne marge active.
☐ **c.** de la fermeture d'un océan.

6 Les mécanismes à l'origine de la subduction sont en partie liés à la poussée latérale exercée au niveau des zones de divergence mais aussi :

☐ **a.** liés au réchauffement de la lithosphère océanique âgée.
☐ **b.** dus à une augmentation de la densité de la lithosphère océanique.
☐ **c.** liés à la faible densité de la lithosphère océanique âgée.

7 Un profil sismique effectué au niveau d'une chaîne de montagnes issues d'une collision montre :

☐ **a.** un épaississement de la lithosphère et un Moho profond à plus de 50 km.
☐ **b.** un épaississement de la croûte continentale et un Moho à plus de 50 km.
☐ **c.** un étirement de la croûte continentale et un Moho proche de la surface.

SCORE : ___ /7

Procréation

DU SEXE GÉNÉTIQUE AU SEXE PHÉNOTYPIQUE

1 Le stade phénotypique indifférencié

L'appareil génital passe par un stade indifférencié : gonades de structure identique contenant des cellules germinales et présence de voies génitales constituées par deux paires de canaux, les canaux de Wolff et de Müller.

2 Du sexe génétique au sexe gonadique (chez l'embryon)

CHEZ L'INDIVIDU XY	CHEZ L'INDIVIDU XX
• Les gonades se différencient en **testicules**. • Ce processus se déroule sous le contrôle du **gène SRY** responsable de la synthèse de la **protéine TDF**, qui déclenche l'expression de nombreux gènes. Le gène SRY est donc un **gène architecte**.	• Les gonades se différencient en **ovaires**. • Ce processus se déroule **en l'absence du gène SRY**. Le phénotype sexuel féminin apparaît lorsque, chez l'embryon, il n'y a pas de « signal » de masculinisation.

3 Du sexe gonadique au sexe phénotypique différencié (pendant la vie fœtale)

CHEZ LE FŒTUS MÂLE	CHEZ LE FŒTUS FEMELLE
Deux hormones sont produites par le testicule : – **la testostérone empêche la régression des canaux de Wolff et permet leur différenciation en spermiductes** ; – **l'AMH** est responsable de la **régression des canaux de Müller**.	**L'absence de testostérone et d'AMH entraîne une féminisation** des voies génitales internes : les canaux de **Wolff disparaissent** et les canaux de **Müller se différencient** pour donner les **oviductes**, l'**utérus** et une partie du **vagin**.

RÉGULATION PHYSIOLOGIQUE DE L'AXE GONADOTROPE

1 Chez l'homme : la double fonction des testicules

• Production de **spermatozoïdes** (spermatogenèse) au niveau des tubes séminifères (fonction **exocrine**).

• Sécrétion d'hormone mâle (la **testostérone**) au niveau du tissu interstitiel par les **cellules de Leydig** (fonction **endocrine**).

2 Les cycles sexuels chez la femme

Le cycle ovarien	• **Phase folliculaire** : développement de plusieurs **follicules cavitaires** ; le **follicule dominant** continue seul sa croissance. Production d'œstrogènes par les follicules ovariens. • **Ovulation** : expulsion de l'ovocyte. • **Phase lutéale** : le follicule éclaté se transforme en **corps jaune** qui produit de la progestérone. En l'absence de fécondation, le corps jaune dégénère vers la fin du cycle.
Le cycle utérin	• **Règles** ou **menstruations** : marquent le début du cycle. • **Phase proliférative** : l'endomètre s'épaissit, les vaisseaux sanguins prolifèrent et des glandes en tube se développent sous l'effet des œstrogènes. • **Phase sécrétoire** : l'épaississement se poursuit, les vaisseaux se spiralisent, les glandes sécrètent un **mucus** riche en glycogène. La muqueuse prend l'aspect de **dentelle utérine**, prête à accueillir un embryon. Cette phase est sous le contrôle de la progestérone. La chute des taux d'œstrogènes et de progestérone en fin de cycle provoque le démantèlement de l'endomètre à l'origine des **règles**.

L'AXE HYPOTHALAMO-HYPOPHYSAIRE

L'**hypothalamus** libère une neurohormone, la **GnRH** qui agit sur les cellules endocrines de l'antéhypophyse où elle stimule la sécrétion des gonadostimulines. Chaque pulse de GnRH entraîne un pulse de LH (et de FSH).

CHEZ L'HOMME	CHEZ LA FEMME
• La **LH** stimule la production de testostérone par les cellules de Leydig du tissu interstitiel. Elle est sécrétée de manière pulsatile, chaque pulse de LH déclenchant un pulse de testostérone. • La **FSH** permet d'activer la spermatogenèse.	• La **FSH** stimule le développement des follicules et commande la sécrétion des œstrogènes. • Le pic de **LH** provoque l'ovulation. La LH stimule le développement du corps jaune et ainsi la sécrétion de progestérone par ces cellules.

RÉGULATION DES HORMONES SEXUELLES

1 Chez l'homme

• La concentration plasmatique de la testostérone représente le **paramètre réglé** (et la fonction reproductrice est la fonction réglée). Toute modification de la valeur du paramètre réglé par rapport à une **valeur de référence** est détectée par le **système réglant** : des **capteurs** situés au niveau de l'**hypothalamus** et de l'**hypophyse** réagissent et adaptent leurs sécrétions en conséquence.

• Le **message** constitué par le taux de gonadostimulines agit sur les **effecteurs** (cellules de Leydig), en provoquant une hausse ou une baisse de la sécrétion de testostérone. Le taux de testostérone est alors ramené à sa valeur de référence. La testostérone exerce un rétrocontrôle négatif sur l'axe hypothalamo-hypophysaire.

2 Chez la femme

- Le **paramètre réglé** est la concentration plasmatique des **hormones ovariennes** qui gouvernent la fonction reproductrice.
- Les effecteurs de la régulation sont les **ovaires** commandés par l'axe hypothalamo-hypophysaire. Ce système fonctionne en :

– **rétrocontrôle négatif** durant la majeure partie du cycle, s'opposant aux variations importantes du paramètre réglé (exercé en début de phase folliculaire par l'œstradiol à faible concentration plasmatique et en phase lutéinique par la progestérone, empêchant toute nouvelle croissance folliculaire et toute ovulation).

– **rétrocontrôle positif** en fin de phase folliculaire, amplifiant les variations du paramètre réglé, par l'œstradiol à concentration plasmatique élevée, aboutissant au pic ovulatoire de LH.

DÉBUT DE GROSSESSE

- À la fin de la première semaine, l'embryon, arrivé au niveau de l'utérus, s'implante dans l'endomètre : c'est la **nidation**.
- L'embryon sécrète une hormone, l'**HCG**, qui **stimule le maintien du corps jaune** et donc **la production de progestérone**, ce qui **assure la persistance de la structure de l'endomètre utérin**.

MAÎTRISE DE LA PROCRÉATION

1 La contraception orale féminine

Prise d'**hormones stéroïdes** de synthèse, dans le but de **modifier l'équilibre hormonal** contrôlant les cycles sexuels féminins :

– au niveau de l'**hypophyse**, en freinant par rétrocontrôle négatif la sécrétion des gonadostimulines, ce qui bloque l'ovulation ;

– au niveau de la **muqueuse utérine**, dont le développement est ralenti par la présence précoce de progestatif ;

– au niveau de la **glaire cervicale**, rendue impropre au passage des spermatozoïdes.

2 Des réponses à des situations exceptionnelles

La pilule contragestive (le **RU 486**) est un stéroïde de synthèse, **analogue structural** de la progestérone, présentant une grande affinité pour les récepteurs cellulaires à la progestérone sur lesquels il se fixe. Elle provoque le démantèlement de l'endomètre et l'expulsion de l'embryon.

La pilule du lendemain doit être prise dans les 3 jours après la relation sexuelle : elle perturbe l'ovulation (si elle n'a pas encore eu lieu) et agit sur l'utérus en s'opposant notamment à la nidation.

3 Procréation médicalement assistée

- L'**insémination artificielle** avec le sperme du conjoint (**IAC**) ou d'un donneur anonyme (**IAD**) permet de résoudre certains problèmes d'infertilité.
- La **fécondation in vitro et transfert d'embryon** (**FIVETE**) est une technique complexe nécessitant plusieurs étapes.

28 Du sexe génétique au sexe gonadique

G

1 **Au stade phénotypique indifférencié, l'appareil génital est défini par la présence de gonades :**

- ☐ a. de canaux de Wolff et de Müller, et les organes génitaux externes.
- ☐ b. de canaux de Wolff et de canaux de Müller.
- ☐ c. et rien d'autre.

2 **La différenciation du sexe gonadique à partir du sexe génétique se produit lorsque les gonades se différencient :**

- ☐ a. à partir des canaux de Wolff et de Müller.
- ☐ b. en même temps que les organes génitaux externes.
- ☐ c. grâce à la présence chromosomes sexuels (gonosomes).

3 **La présence d'un chromosome sexuel X :**

- ☐ a. permet de déterminer le sexe gonadique de type féminin.
- ☐ b. ne permet pas de déterminer le sexe gonadique.
- ☐ c. permet de déterminer le sexe gonadique de type masculin.

4 **La différenciation des gonades en testicules est permise grâce à :**

- ☐ a. la présence du gène SRY sur le chromosome Y.
- ☐ b. la présence du gène SRD sur le chromosome Y.
- ☐ c. l'absence du gène SRY sur le chromosome Y.

5 **La différenciation du sexe gonadique en ovaire se traduit par l'apparition de :**

- ☐ a. follicules contenant uniquement des cellules somatiques.
- ☐ b. corps jaune.
- ☐ c. follicules contenant chacun une cellule germinale femelle.

6 **Le gène SRY permettant la formation de la protéine TDF :**

- ☐ a. n'intervient qu'au moment de la différenciation des gonades.
- ☐ b. intervient tout au long de la vie d'un individu.
- ☐ c. n'intervient qu'à la naissance.

7 **S'il n'y a pas de fabrication de la protéine TDF, l'individu sera alors de sexe :**

- ☐ a. féminin.
- ☐ b. masculin.
- ☐ c. indéterminé.

SCORE : /7

Du sexe gonadique au sexe phénotypique et la puberté

29

C

1 **Le sexe phénotypique est l'ensemble :**

a. des gonades, voies génitales internes et organes génitaux externes. ☐

b. des gonades et voies génitales internes. ☐

c. des organes génitaux externes. ☐

2 **La castration chez un fœtus de mammifère au stade indifférencié montre que les voies génitales internes :**

a. restent indifférenciées. ☐

b. se différencient systématiquement vers le type femelle. ☐

c. se différencient selon le sexe génétique. ☐

3 **Chez le fœtus mâle, la différenciation du sexe phénotypique est caractérisée par la présence :**

a. de testostérone et d'hormone anti-müllérienne (AMH). ☐

b. d'hormone anti-müllérienne et de progestérone. ☐

c. de testostérone. ☐

4 **La présence de testostérone chez un fœtus de mammifère :**

a. est responsable de la régression des canaux de Müller. ☐

b. empêche la régression des canaux de Müller. ☐

c. empêche la régression des canaux de Wolff. ☐

5 **Chez un fœtus de mammifère, l'hormone anti-müllérienne (AMH) :**

a. est produite par les cellules de Leydig. ☐

b. masculinise les organes génitaux. ☐

c. permet la régression des canaux de Müller. ☐

6 **Chez un fœtus de mammifère, la féminisation des voies génitales internes est permise par :**

a. la présence d'œstrogènes produits par les ovaires. ☐

b. l'absence de testostérone et d'AMH. ☐

c. la présence d'œstrogènes et de progestérone. ☐

7 **La puberté est contrôlée par :**

a. l'AMH. ☐

b. l'âge des individus. ☐

c. les hormones sexuelles. ☐

SCORE : /7

30 Fonction endocrine et exocrine des gonades

A

1 La fonction endocrine des gonades correspond à la fabrication :

- [ ] a. de gamètes.
- [ ] b. d'hormones gonadotropes.
- [ ] c. d'hormones sexuelles.

2 La fabrication des spermatozoïdes (spermatogenèse) a lieu au niveau :

- [ ] a. de la paroi des tubes séminifères.
- [ ] b. des cellules de Leydig et des cellules de Sertoli.
- [ ] c. de la lumière des tubes séminifères.

3 Le cycle ovarien comporte, dans l'ordre :

- [ ] a. la phase lutéale, l'ovulation et la phase folliculaire.
- [ ] b. la phase proliférative, l'ovulation et la phase sécrétoire.
- [ ] c. la phase folliculaire, l'ovulation et la phase lutéale.

4 La phase folliculaire correspond à :

- [ ] a. la transformation d'un follicule en corps jaune.
- [ ] b. la prolifération d'un seul follicule cavitaire.
- [ ] c. la prolifération de plusieurs follicules cavitaires.

5 À la fin de la phase folliculaire chez la femme :

- [ ] a. un seul follicule dominant persiste (les autres dégénèrent).
- [ ] b. tous les follicules vont se transformer en corps jaune.
- [ ] c. tous les follicules persistent.

6 La phase lutéale ou lutéinique est de durée :

- [ ] a. variable selon les différents cycles.
- [ ] b. à peu près constante (13 à 14 jours).
- [ ] c. variable selon les femmes.

7 À la fin de la phase lutéale, en l'absence de fécondation :

- [ ] a. le corps jaune persiste.
- [ ] b. le corps jaune dégénère.
- [ ] c. le follicule cavitaire se multiplie.

SCORE : /7

Le contrôle ovarien sur le cycle utérin 31

E

1 Le cycle utérin débute par :

a. la phase de prolifération ou proliférative. ☐

b. les menstruations. ☐

c. la phase de sécrétion ou sécrétoire. ☐

2 Au cours d'un cycle physiologique normal, le développement de l'endomètre dépend :

a. uniquement de l'action de la progestérone. ☐

b. de l'action de l'œstradiol. ☐

c. de l'action des œstrogènes puis de la progestérone. ☐

3 Les hormones ovariennes (œstrogènes et progestérone) sont produites :

a. respectivement par les cellules des follicules ovariens et le corps jaune. ☐

b. par les cellules des follicules ovariens. ☐

c. par l'endomètre ovarien. ☐

4 La sécrétion des hormones ovariennes est :

a. cyclique et constante au cours du cycle. ☐

b. cyclique et variable au cours du cycle. ☐

c. variable mais pas cyclique. ☐

5 Durant la phase folliculaire, la prolifération de l'endomètre est due à :

a. une augmentation des œstrogènes. ☐

b. une augmentation importante de la progestérone. ☐

c. une augmentation importante d'œstrogènes et de progestérone. ☐

6 Durant la phase lutéale, l'inhibition des contractions utérines est notamment due à :

a. la production d'œstrogènes par les cellules folliculaires. ☐

b. la production de progestérone par le corps jaune. ☐

c. la chute du taux d'œstrogènes et de progestérone. ☐

7 L'apparition des menstruations est due à :

a. un pic d'œstrogènes. ☐

b. un pic de progestérone mais une chute du taux d'œstrogènes. ☐

c. une chute des taux d'œstrogènes et de progestérone. ☐

SCORE : /7

32 La régulation de l'axe gonadotrope

H

1 L'axe gonadotrope comprend :

- [ ] a. l'hypothalamus et l'hypophyse.
- [ ] b. l'hypophyse et les gonades.
- [ ] c. l'hypothalamus, l'hypophyse et les gonades.

2 Chez les mammifères mâles, les hormones FSH (hormone stimulant le follicule) et LH (hormone lutéinisante) sont sécrétées de façon :

- [ ] a. pulsatile.
- [ ] b. cyclique.
- [ ] c. continue à partir de la puberté.

3 Chez le mammifère mâle, les hormones FSH et LH activent respectivement :

- [ ] a. la production de testostérone et la spermatogenèse.
- [ ] b. la spermatogenèse et la production de testostérone.
- [ ] c. la spermatogenèse et l'activité des cellules des tubes séminifères.

4 La testostérone exerce sur l'axe hypothalamo-hypophysaire un rétrocontrôle :

- [ ] a. positif.
- [ ] b. négatif.
- [ ] c. nul.

5 Chez le mammifère femelle, les hormones FSH et LH sont sécrétées de façon :

- [ ] a. cyclique jusqu'à la ménopause.
- [ ] b. cyclique toute la vie.
- [ ] c. continue à partir de la puberté.

6 Les œstrogènes exercent sur l'axe hypothalamo-hypophysaire un rétrocontrôle :

- [ ] a. négatif durant tout le cycle.
- [ ] b. négatif durant le cycle folliculaire – permettant le pic ovulatoire de LH.
- [ ] c. positif en fin de cycle folliculaire – permettant le pic ovulatoire de LH.

7 Le pic ovulatoire de LH est en relation avec :

- [ ] a. l'augmentation de la fréquence des pulses de GnRH.
- [ ] b. l'augmentation de progestérone.
- [ ] c. la diminution d'œstrogènes.

SCORE : /7

La rencontre des gamètes et le début de la grossesse

33

B

1 **Chez les mammifères non hominidés, on observe chez la femelle une période d'acceptation du mâle appelée :**

a. œstrus (cet état est déterminé par la sécrétion d'œstrogènes). ☐

b. progestrus (cet état est déterminé par la sécrétion de progestérone). ☐

c. rut (cet état est déterminé par la sécrétion de testostérone). ☐

2 **La glaire cervicale au niveau du col de l'utérus présente, en période d'ovulation, une structure :**

a. défavorable, empêchant les spermatozoïdes de passer. ☐

b. favorable pour laisser passer l'ovocyte. ☐

c. favorable pour laisser passer les spermatozoïdes. ☐

3 **Chez les mammifères, la rencontre des gamètes a lieu dans :**

a. l'utérus. ☐

b. le vagin. ☐

c. le tiers supérieur des trompes. ☐

4 **La fécondation est possible si l'accouplement a eu lieu :**

a. à n'importe quel moment du cycle. ☐

b. pendant la période péri-ovulatoire. ☐

c. 6 jours après l'ovulation. ☐

5 **Une semaine après la fécondation, l'embryon arrive au niveau de l'utérus. La nidation a alors lieu dans :**

a. le myomètre de l'utérus. ☐

b. l'endomètre développé de l'utérus. ☐

c. la muqueuse du vagin. ☐

6 **Après la nidation, l'embryon sécrète l'hormone HCG (gonadotrophine chorionique humaine) qui a pour rôle de :**

a. maintenir le corps jaune et qui produit progestérone et œstrogènes. ☐

b. maintenir l'endomètre et qui produit progestérone et œstrogènes. ☐

c. maintenir le cycle ovarien. ☐

7 **Le diagnostic de grossesse peut être établi sur la détection de :**

a. progestérone dans les urines ou le plasma. ☐

b. de l'hormone HCG dans les urines uniquement. ☐

c. l'hormone HCG dans les urines ou le plasma. ☐

SCORE : /7

34 Le suivi de la grossesse

G

1 Au cours d'une grossesse ne présentant pas de risque, on pratique des examens permettant de suivre le développement du futur bébé par :

- [ ] a. radiographie.
- [ ] b. échographie.
- [ ] c. scanner.

2 Des analyses sanguines effectuées chez la mère permettent de :

- [ ] a. suivre uniquement la santé de la mère.
- [ ] b. connaître le sexe du futur bébé.
- [ ] c. dépister d'éventuelles anomalies comme la trisomie 21.

3 Pour détecter une anomalie chromosomique chez le fœtus, on peut pratiquer une choriocentèse (dès la 8e semaine) ou :

- [ ] a. une amniocentèse dès la 2e semaine de grossesse.
- [ ] b. une amniocentèse à partir de la 17e semaine de grossesse.
- [ ] c. une paracentèse à partir de la 17e semaine de grossesse.

4 Les anomalies chromosomiques du fœtus, comme les trisomies, sont révélées en effectuant :

- [ ] a. un caryotype.
- [ ] b. un test de dépistage génétique.
- [ ] c. une échographie.

5 Le diagnostic prénatal (DPN) par test génétique est effectué :

- [ ] a. quel que soit le risque.
- [ ] b. si le risque de maladie est justifié chez la mère.
- [ ] c. si le risque de maladie est justifié chez le fœtus.

6 Dans des cas très particuliers de certaines maladies génétiques, on peut recourir au diagnostic préimplantatoire en effectuant :

- [ ] a. une fécondation *in vitro* et implantation des embryons sains.
- [ ] b. une fécondation *in vivo* et élimination des embryons malades.
- [ ] c. une élimination des embryons malades.

7 Si une anomalie très grave et incurable est détectée, il peut y avoir une interruption thérapeutique de grossesse qui est légale en France :

- [ ] a. pendant toute la durée de la grossesse.
- [ ] b. jusqu'à la fin de la 12e semaine de grossesse.
- [ ] c. jusqu'à la fin du 2e trimestre de grossesse.

SCORE : /7

Les méthodes de contraception et de contragestion 35

A

1 La contraception vise à empêcher la conception d'un enfant, c'est-à-dire :

a. la nidation.

b. la fécondation.

c. la fécondation et la nidation.

2 Une bonne méthode contraceptive doit être efficace et sans effet nocif sur la santé mais aussi :

a. réversible.

b. irréversible.

c. avec un taux d'échec au maximum de 50 %.

3 La contraception orale utilisant les pilules agit au niveau :

a. des ovaires en augmentant la production d'œstrogènes.

b. de l'hypophyse en augmentant le rétrocontrôle positif.

c. de l'hypophyse en supprimant le rétrocontrôle positif.

4 La contraception orale a pour effet de :

a. ne jamais diminuer la filance de la glaire cervicale.

b. ne jamais ralentir le développement de l'endomètre.

c. ralentir le développement de l'endomètre.

5 La pilule contragestive, comme le RU 486, vise à :

a. interrompre la nidation avant la 5e semaine de grossesse.

b. interrompre la nidation à partir du 2e mois de grossesse.

c. empêcher la fécondation.

6 Le RU 486 est une molécule de synthèse de structure analogue à :

a. l'œstradiol.

b. la progestérone.

c. la LH (hormone lutéinisante).

7 L'interruption volontaire de grossesse ou IVG (loi Veil votée en 1975) est légale en France jusqu'à la fin :

a. de la 8e semaine de grossesse.

b. de la 12e semaine de grossesse.

c. du 5e mois de grossesse.

SCORE : /7

36 Procréation médicalement assistée ou PMA

D

1 On peut considérer comme non fertile les couples qui n'ont pas d'enfants après :

- ☐ a. 6 mois de rapports sexuels réguliers sans contraception.
- ☐ b. 2 ans de rapports sexuels réguliers sans contraception.
- ☐ c. 4 ans de rapports sexuels réguliers sans contraception.

2 La PMA est utilisée quand un couple présente des problèmes de fertilité ou de stérilité qu'on estime provenir de l'homme dans :

- ☐ a. 10 % des cas.
- ☐ b. 35 % des cas.
- ☐ c. 50 % des cas.

3 Dans le cas d'une stérilité masculine, un couple, en France, peut recourir à une insémination artificielle avec :

- ☐ a. un donneur anonyme ou IAD.
- ☐ b. un donneur non anonyme ou INAD.
- ☐ c. le sperme du conjoint ou IAC.

4 La première étape de la FIVETE consiste à bloquer les sécrétions hormonales de la femme par un analogue :

- ☐ a. fonctionnel de la GnRH qui stimule l'hypophyse.
- ☐ b. structural de la GnRH qui empêche la stimulation de l'hypothalamus.
- ☐ c. structural de la GnRH qui empêche la stimulation de l'hypophyse.

5 Au cours de la FIVETE, on pratique, grâce à une injection de FSH obtenue par synthèse :

- ☐ a. une stimulation de l'endomètre afin d'accueillir l'embryon.
- ☐ b. une stimulation ovarienne qui déclenche le développement des follicules.
- ☐ c. une inhibition importante des ovaires.

6 Le déclenchement artificiel de l'ovulation au cours de la FIVETE est effectué par une injection de :

- ☐ a. HCG qui mime le pic de FSH.
- ☐ b. GnRH qui mime le pic de LH.
- ☐ c. HCG qui mime le pic de LH.

7 Lors de la fécondation *in vitro*, on peut utiliser une technique qui permet d'injecter directement le spermatozoïde dans l'ovocyte. Il s'agit de :

- ☐ a. l'ICSI (injection intra-cytoplasmique du spermatozoïde).
- ☐ b. l'IDSO (implantation directe d'un spermatozoïde dans un ovocyte).
- ☐ c. L'IOS (injection dans l'ovocyte d'un spermatozoïde).

SCORE : /7

Bilan 1

E

1 Le RU 486 est une molécule de synthèse de structure analogue à :

a. l'œstradiol. ☐
b. la progestérone. ☐
c. la LH (hormone lutéinisante). ☐

2 Durant la phase folliculaire, la prolifération de l'endomètre est due à :

a. une augmentation importante d'œstrogènes et de progestérone. ☐
b. une augmentation importante de la progestérone. ☐
c. une augmentation des œstrogènes. ☐

3 La différenciation du sexe gonadique à partir du sexe génétique se produit lorsque les gonades se différencient :

a. grâce à la présence chromosomes sexuels (gonosomes). ☐
b. en même temps que les organes génitaux externes. ☐
c. à partir des canaux de Wolff et de Müller. ☐

4 Les œstrogènes exercent sur l'axe hypothalamo-hypophysaire un rétrocontrôle :

a. négatif durant le cycle folliculaire – permettant le pic ovulatoire de LH. ☐
b. positif en fin de cycle folliculaire – permettant le pic ovulatoire de LH. ☐
c. négatif durant tout le cycle. ☐

5 Chez le fœtus mâle, la différenciation du sexe phénotypique est caractérisée par la présence :

a. de testostérone et d'hormone anti-müllérienne (AMH). ☐
b. d'hormone anti-müllérienne et de progestérone. ☐
c. de testostérone. ☐

6 À la fin de la phase folliculaire chez la femme :

a. tous les follicules vont se transformer en corps jaune. ☐
b. un seul follicule dominant persiste (les autres dégénèrent). ☐
c. tous les follicules persistent. ☐

7 La contraception vise à empêcher la conception d'un enfant, c'est-à-dire :

a. la nidation. ☐
b. la fécondation. ☐
c. la fécondation et la nidation. ☐

SCORE : /7

Bilan 2

B

1 Après la nidation, l'embryon sécrète l'hormone HCG (gonadotrophine chorionique humaine) qui a pour rôle de :

☐ **a.** maintenir le corps jaune et produire progestérone et œstrogènes.
☐ **b.** maintenir le cycle ovarien.
☐ **c.** maintenir l'endomètre et produire progestérone et œstrogènes.

2 À la fin de la phase lutéale, en l'absence de fécondation :

☐ **a.** le follicule cavitaire se multiplie.
☐ **b.** le corps jaune persiste.
☐ **c.** le corps jaune dégénère.

3 Dans des cas très particuliers de certaines maladies génétiques, on peut recourir au diagnostic préimplantatoire en effectuant :

☐ **a.** une élimination des embryons malades.
☐ **b.** une fécondation *in vivo* et élimination des embryons malades.
☐ **c.** une fécondation *in vitro* et implantation des embryons sains.

4 Chez le mammifère mâle, les hormones FSH et LH activent respectivement :

☐ **a.** la production de testostérone et la spermatogenèse.
☐ **b.** la spermatogenèse et la production de testostérone.
☐ **c.** la spermatogenèse et l'activité des cellules des tubes séminifères.

5 Chez un fœtus de mammifère, la féminisation des voies génitales internes est permise par :

☐ **a.** la présence d'œstrogènes et de progestérone.
☐ **b.** l'absence de testostérone et d'AMH.
☐ **c.** la présence d'œstrogènes produits par les ovaires.

6 Le déclenchement artificiel de l'ovulation au cours de la FIVETE est effectué par une injection de :

☐ **a.** HCG qui mime le pic de LH.
☐ **b.** HCG qui mime le pic de FSH.
☐ **c.** GnRH qui mime le pic de LH.

7 Le gène SRY permettant la formation de la protéine TDF :

☐ **a.** intervient tout au long de la vie d'un individu.
☐ **b.** n'intervient qu'à la naissance.
☐ **c.** n'intervient qu'au moment de la différenciation des gonades.

SCORE : /7

Immunologie

LE SIDA : UNE MALADIE QUI TOUCHE LE SYSTÈME IMMUNITAIRE

• L'agent du SIDA est le **VIH** (Virus de l'Immunodéficience Humaine).
• **Trois modes de transmission** sont reconnus :
– lors de **rapports sexuels** ;
– par **voie sanguine** ;
– de la mère à l'enfant, **au cours de la grossesse** (ou par allaitement).
• Le VIH est un **rétrovirus**.
• Les **cellules cibles** du VIH sont les **LT4**, les **monocytes** et les **macrophages**.

Le VIH et la primo-infection	• Symptôme : maladie virale bénigne. • Le virus se multiplie rapidement. • Risque de transmission très élevé, surtout si le sujet ignore son état.
La phase asymptomatique	• La pénétration du VIH dans l'organisme déclenche une **réponse immunitaire**. • Les anticorps dirigés contre les particules virales libres et les LTC dirigés contre les cellules infectées sont sous le contrôle des **LT4**, lymphocytes indispensables au bon déroulement des réactions immunitaires mais **principales cibles** du VIH. • Pendant la période asymptomatique (pouvant durer plusieurs années), les défenses immunitaires actives permettent de contenir le VIH et empêchent l'augmentation de la **charge virale**. Mais les virus se multiplient et le nombre de LT4 diminue (détruits par bourgeonnement des particules virales ou par les LTC).
Le SIDA : phase symptomatique	• L'organisme devient incapable de contrôler la prolifération du VIH et la charge virale se met à augmenter. • Des **maladies opportunistes** apparaissent du fait de l'affaiblissement du système immunitaire. • L'ensemble de ces symptômes constitue le **SIDA** ou **Syndrome d'ImmunoDéficience Acquise**. Ce sont ces maladies qui finissent par entraîner le décès du malade.

LES PROCESSUS IMMUNITAIRES MIS EN JEU : GÉNÉRALISATION

1 Les anticorps, agents du maintien de l'intégrité du milieu extracellulaire

• Les anticorps sont des protéines capables de reconnaître spécifiquement un déterminant antigénique.

• L'association de l'anticorps et de l'antigène forme un **complexe immun** qui **immobilise**, **neutralise** et **empêche la multiplication** de l'antigène sans le détruire.

• La **phagocytose** est un mécanisme inné d'élimination des complexes immuns.

• Les **LB** sont **sélectionnés** directement par un déterminant antigénique d'un antigène libre ou cellulaire reconnu spécifiquement par les AC membranaires du LB **(sélection clonale)**. Il y a multiplication et différenciation, d'une part, en **plasmocytes** qui libèrent des anticorps de même spécificité antigénique et, d'autre part, en **lymphocytes B mémoire**.

2 Les lymphocytes T cytotoxiques, agents du maintien de l'intégrité des populations cellulaires

• **Caractéristiques des lymphocytes T cytotoxiques**

Les LT8 possèdent des **récepteurs T**.

Ce sont des protéines qui reconnaissent les antigènes présentés par les cellules de l'organisme.

Par exemple, les cellules infectées se distinguent des cellules saines en exprimant à leur surface des fragments peptidiques issus de protéines du virus.

Il existe de très nombreuses sortes de LT, qui diffèrent par la spécificité antigénique de leurs récepteurs.

Certains LT8 sont à l'origine des **lymphocytes T cytotoxiques**, capables de détruire par contact les cellules infectées par un virus en les lysant.

• **Production et rôle des lymphocytes T cytotoxiques**

Les LT8 possédant des récepteurs spécifiques des antigènes présentés par les cellules infectées sont sélectionnés : **sélection clonale des LT8**. Puis il y a multiplication et différenciation en lymphocytes T cytotoxiques possédant le même récepteur.

Ces **LTC** vont alors reconnaître les cellules infectées grâce aux fragments antigéniques viraux présents sur leur membrane et vont provoquer la **lyse de ces cellules**.

Cela montre la **complémentarité des deux processus de l'immunité acquise** : les LT8 luttent contre les agresseurs lorsqu'ils ne se trouvent plus dans le milieu extracellulaire et qu'ils sont donc inaccessibles pour les anticorps.

3 Les LT4, pivots des réactions immunitaires acquises

• Grâce à leur **récepteur T**, certains LT4 reconnaissent les fragments antigéniques présentés par la cellule infectée : il y a alors une **sélection clonale des LT4**, puis une multiplication et une différenciation en LT4 sécréteurs d'**interleukines** et en LT4 mémoire.

• Ces interleukines activent les clones de LB et de LT8 sélectionnés en stimulant leur multiplication et leur différenciation.

• Les LT4, nécessaires à la production d'un grand nombre d'effecteurs spécifiques de l'antigène, sont ainsi les pivots des réactions immunitaires acquises.

LES VACCINS ET LA MÉMOIRE IMMUNITAIRE

1 La vaccination, une mise en mémoire

• **Réponse primaire** : premier contact avec un antigène qui entraîne une sécrétion lente et peu abondante d'anticorps.

• **Réponse secondaire** : second contact avec le même antigène qui provoque une réponse plus **rapide** et plus **importante**, preuve de l'existence d'une mémoire immunitaire.

• **Mémoire immunitaire** : formation de **lymphocytes B et T4 mémoire** spécifiques et à longue durée de vie.

• Le principe consiste à introduire dans l'organisme tout ou partie d'un agent pathogène rendu **inoffensif** mais ayant gardé son pouvoir **immunogène**.

• **Le premier contact avec l'antigène présent dans le vaccin entraîne une réponse primaire.** En cas d'entrée ultérieure de l'antigène pathogène dans l'organisme immunisé, les défenses immunitaires acquises sont rapidement opérationnelles : **une réponse secondaire est alors observée.**

2 L'évolution du phénotype immunitaire

• À un instant t, il existe dans l'organisme de nombreux clones de lymphocytes T et B qui diffèrent par leurs récepteurs spécifiques. Cette très grande diversité du **répertoire immunitaire** est le résultat d'une expression complexe du génome.

• **Le phénotype immunitaire d'un individu évolue en même temps que son environnement antigénique.**

37 VIH et primo-infection

F

1 VIH est l'abréviation de :

- [ ] a. virus de l'immunodéficience humaine.
- [ ] b. virus de l'immunodéficience héritée.
- [ ] c. virus immun humain.

2 Le plus souvent, la contamination par le VIH se fait :

- [ ] a. par voie sanguine.
- [ ] b. lors des rapports sexuels non protégés.
- [ ] c. par contact salivaire.

3 Le VIH appartient à la catégorie :

- [ ] a. des virus à ADN.
- [ ] b. des rétrovirus (virus à ARN).
- [ ] c. des virus sans matériel génétique.

4 Les cellules cibles du VIH sont :

- [ ] a. les lymphocytes T4, les monocytes et les macrophages.
- [ ] b. les lymphocytes T8.
- [ ] c. les lymphocytes B.

5 Le VIH reconnaît spécifiquement sur ses cellules cibles :

- [ ] a. un morceau d'ADN.
- [ ] b. une protéine nucléaire.
- [ ] c. une protéine membranaire (CD4).

6 La transcriptase inverse est une enzyme virale que le VIH apporte avec lui quand il pénètre dans le lymphocyte et qui lui permet de :

- [ ] a. transcrire l'ARN des cellules cibles en ADN viral.
- [ ] b. traduire l'ARN viral en protéines virales.
- [ ] c. transcrire l'ARN viral en ADN viral.

7 Durant la primo-infection, on observe :

- [ ] a. une stabilisation des LT4 et une augmentation de la charge virale.
- [ ] b. une diminution des LT4 et une augmentation de la charge virale.
- [ ] c. une diminution des LT4 et aucune variation de la charge virale.

SCORE : /7

Les phases asymptomatique et symptomatique

38

C

1 La phase asymptomatique chez l'individu infecté est caractérisée par :

a. une réponse immunitaire. ☐

b. une absence de réponse immunitaire. ☐

c. la mort de l'individu. ☐

2 Au cours de la phase asymptomatique, l'individu est considéré comme séropositif pour le VIH :

a. s'il ne possède plus de LT4. ☐

b. s'il possède des anticorps anti-VIH. ☐

c. s'il possède des LTC spécifiques des cellules infectées par le VIH. ☐

3 La charge virale est :

a. la quantité de particules virales par unité de volume de plasma sanguin. ☐

b. la quantité de virus présents dans les LT4. ☐

c. la capacité du virus à charger les défenses immunitaires. ☐

4 Pendant la période asymptomatique, les défenses immunitaires :

a. sont inexistantes. ☐

b. détruisent la totalité des virus VIH de l'organisme. ☐

c. empêchent l'augmentation significative de la charge virale. ☐

5 Durant la phase symptomatique, on constate :

a. une stabilisation des LT4 et une diminution de la charge virale. ☐

b. une stabilisation des LT4 et une augmentation de la charge virale. ☐

c. une diminution des LT4 et une augmentation de la charge virale. ☐

6 Les maladies opportunistes surviennent lorsque :

a. la disparition des LT4 est totale. ☐

b. l'immunodéficience est avérée par un trop faible nombre de LT4. ☐

c. le VIH reste sous forme de provirus dans l'organisme. ☐

7 Lorsqu'un individu est en phase de SIDA déclaré, son décès sera causé par :

a. le VIH. ☐

b. l'absence de lymphocytes B. ☐

c. des maladies opportunistes. ☐

SCORE : /7

39 Les anticorps

H

1 Un anticorps est capable de :

- [ ] **a.** se lier à n'importe quelle molécule.
- [ ] **b.** détruire une cellule infectée par un virus.
- [ ] **c.** se lier spécifiquement à un antigène.

2 Un anticorps est une protéine constituée de parties constantes et variables. Le site de reconnaissance de l'antigène est situé :

- [ ] **a.** sur les parties variables.
- [ ] **b.** sur les parties constantes.
- [ ] **c.** à la fois sur les parties variables et les parties constantes.

3 La fixation des anticorps sur les antigènes forme un complexe immun qui :

- [ ] **a.** permet de détruire les antigènes.
- [ ] **b.** permet d'immobiliser les antigènes et de les neutraliser.
- [ ] **c.** n'empêche pas la multiplication des antigènes.

4 Les anticorps possèdent un site de fixation au macrophage qui est situé :

- [ ] **a.** au niveau du site de reconnaissance de l'antigène.
- [ ] **b.** à l'extrémité de la partie constante de l'anticorps.
- [ ] **c.** au niveau des parties variables de l'anticorps.

5 Les anticorps sont produits par :

- [ ] **a.** les plasmocytes.
- [ ] **b.** les macrophages.
- [ ] **c.** les lymphocytes T4.

6 Les plasmocytes proviennent de la transformation :

- [ ] **a.** des lymphocytes T4.
- [ ] **b.** des lymphocytes T8.
- [ ] **c.** des lymphocytes B.

7 Les lymphocytes B sélectionnés se différencient :

- [ ] **a.** en plasmocytes et en lymphocytes B mémoire.
- [ ] **b.** en plasmocytes et en lymphocytes T.
- [ ] **c.** en plasmocytes uniquement.

SCORE : /7

Les lymphocytes T cytotoxiques 40

E

1 Parmi les populations de lymphocytes T, les LT8 sont différents des lymphocytes T4 car :

a. le LT8 possède un marqueur membranaire R8. ☐

b. le LT8 possède un marqueur membranaire CD8. ☐

c. ces cellules se distinguent par leur forme différente. ☐

2 Les lymphocytes T possèdent des récepteurs qui sont :

a. des protéines membranaires appelées « anticorps T ». ☐

b. des protéines nucléaires appelées « récepteurs T ». ☐

c. des protéines membranaires appelées « récepteurs T ». ☐

3 Les récepteurs des LT8 sont des protéines qui reconnaissent :

a. les antigènes présentés par les cellules de l'organisme. ☐

b. les antigènes circulants. ☐

c. les complexes immuns. ☐

4 Les LT8 forment des populations de clones, chacune ayant une spécificité grâce à :

a. leurs parties constantes de leurs récepteurs. ☐

b. leurs parties variables de leurs récepteurs. ☐

c. leurs parties variables et leurs parties constantes de leurs récepteurs. ☐

5 Les cellules infectées par un virus se distinguent des cellules saines car elles expriment à leur surface :

a. des morceaux de protéines virales. ☐

b. des morceaux de matériel génétique viral. ☐

c. des bourgeonnements membranaires. ☐

6 Les LT8 sélectionnés vont se différencier en :

a. lymphocytes T8 mémoire. ☐

b. lymphocytes T cytotoxiques. ☐

c. plasmocytes. ☐

7 Les lymphocytes T cytotoxiques sont capables de reconnaître et de détruire les cellules infectées par un virus :

a. à distance, en produisant des anticorps. ☐

b. en pénétrant dans les cellules. ☐

c. par un simple contact. ☐

SCORE : /7

41 Les lymphocytes T4

G

1 À la suite de l'entrée d'un antigène dans l'organisme, les LT4 spécifiques de cet antigène se différencient :

- ☐ **a.** en lymphocytes T cytotoxiques.
- ☐ **b.** en LT4 sécréteurs et en LT4 mémoire.
- ☐ **c.** en LT4 sécréteurs uniquement.

2 Les lymphocytes T4 sécréteurs fabriquent :

- ☐ **a.** des anticorps.
- ☐ **b.** des perforines.
- ☐ **c.** des interleukines.

3 La stimulation de la multiplication et de la différenciation des clones des LB et LT sélectionnés est réalisée par :

- ☐ **a.** les interleukines produites par les LB.
- ☐ **b.** les interleukines produites par les LT4.
- ☐ **c.** le contact des LT4 avec ces cellules.

4 Dans le cas du SIDA, la disparition des LT4 ne permet plus :

- ☐ **a.** la formation d'anticorps et de LTC.
- ☐ **b.** la formation d'anticorps.
- ☐ **c.** la formation de LTC.

5 Dans le cas du SIDA, les LT4 infectés sont détruits en partie grâce aux :

- ☐ **a.** anticorps anti-VIH.
- ☐ **b.** lymphocytes B.
- ☐ **c.** lymphocytes T cytotoxiques.

6 De l'activité des LT4 dépend finalement :

- ☐ **a.** la phase de multiplication et de différenciation des lymphocytes.
- ☐ **b.** la phase de sélection clonale des lymphocytes.
- ☐ **c.** la phase de multiplication des macrophages.

7 On considère les LT4 comme les pivots des réactions immunitaires acquises car :

- ☐ **a.** ils contrôlent les autres populations de lymphocytes.
- ☐ **b.** ils sont à l'origine des autres cellules immunitaires.
- ☐ **c.** ils détruisent directement tous les antigènes pathogènes de l'organisme.

SCORE : /7

Les vaccins et la mémoire immunitaire

42

D

1 Un premier contact avec un antigène entraîne une réponse primaire du système immunitaire, qui consiste en une sécrétion d'anticorps :

a. lente et très abondante. ☐

b. lente et peu abondante. ☐

c. rapide mais peu abondante. ☐

2 Un second contact avec un même antigène provoque une réponse secondaire, qui entraîne une sécrétion d'anticorps :

a. lente mais plus abondante que pour la réponse primaire. ☐

b. plus rapide et plus importante que pour la réponse primaire. ☐

c. plus rapide et aussi abondante que pour la réponse primaire. ☐

3 La mémoire immunitaire s'exprime grâce à la formation de :

a. LB et LT4 mémoire spécifiques à longue durée de vie. ☐

b. LT4 mémoire spécifiques uniquement, à longue durée de vie. ☐

c. LT8 mémoire spécifiques à longue durée de vie. ☐

4 Le principe de la vaccination consiste à introduire dans l'organisme un agent pathogène (entier ou partiel) qui est :

a. encore actif. ☐

b. inoffensif et ne pouvant déclencher une réponse immunitaire. ☐

c. inoffensif mais immunogène. ☐

5 Le VIH mutant constamment, une des difficultés de la mise au point d'un vaccin est d'identifier :

a. le mode de fonctionnement du VIH. ☐

b. une protéine invariable et accessible à la surface du virus. ☐

c. les cellules cibles du VIH. ☐

6 Le phénotype immunitaire d'un individu est défini comme étant l'ensemble :

a. des cellules du système immunitaire. ☐

b. des clones de lymphocytes T4 présents à un moment donné de la vie. ☐

c. des clones de cellules immunitaires et d'AC présents à un instant donné. ☐

7 Le phénotype immunitaire d'un individu est dû :

a. à l'interaction entre son génotype et l'environnement. ☐

b. aux différentes vaccinations qu'il réalise au cours de sa vie. ☐

c. à son génotype. ☐

SCORE : /7

Bilan

C

1 **Les anticorps sont produits par :**

- [ ] a. les plasmocytes.
- [ ] b. les lymphocytes T4.
- [ ] c. les macrophages.

2 **Durant la phase symptomatique, on constate :**

- [ ] a. une stabilisation des LT4 et une diminution de la charge virale.
- [ ] b. une diminution des LT4 et une augmentation de la charge virale.
- [ ] c. une stabilisation des LT4 et une augmentation de la charge virale.

3 **La fixation des anticorps sur les antigènes forme un complexe immun qui :**

- [ ] a. permet d'immobiliser les antigènes et de les neutraliser.
- [ ] b. n'empêche pas la multiplication des antigènes.
- [ ] c. permet de détruire les antigènes.

4 **On considère les LT4 comme les pivots des réactions immunitaires acquises car :**

- [ ] a. ils sont à l'origine des autres cellules immunitaires.
- [ ] b. ils détruisent directement tous les antigènes pathogènes de l'organisme.
- [ ] c. ils contrôlent les autres populations de lymphocytes.

5 **Les cellules cibles du VIH sont :**

- [ ] a. les lymphocytes B.
- [ ] b. les lymphocytes T8.
- [ ] c. les lymphocytes T4, les monocytes et les macrophages.

6 **Le principe de la vaccination consiste à introduire dans l'organisme un agent pathogène (entier ou partiel) qui est :**

- [ ] a. inoffensif et ne pouvant déclencher une réponse immunitaire.
- [ ] b. inoffensif mais immunogène.
- [ ] c. encore actif.

7 **Les LT8 sélectionnés vont se différencier en :**

- [ ] a. plasmocytes.
- [ ] b. lymphocytes T8 mémoire.
- [ ] c. lymphocytes T cytotoxiques.

SCORE : /7

Couplage des événements biologiques et géologiques au cours du temps

LA LIMITE CRÉTACÉ-TERTIAIRE

Indices sédimentologiques	• À la **limite Crétacé-Tertiaire**, on observe un mince **lit d'argile sombre**. La base de ce niveau a été choisie comme limite entre le Crétacé et le Tertiaire. • À l'échelle mondiale, la limite Crétacé-Tertiaire, datée à **–65 Ma**, est marquée par une chute du taux des **carbonates**.
Indices géochimiques	• On observe au niveau de la couche **d'argile sombre** une concentration anormalement élevée d'un élément chimique, l'**iridium**. Cet élément est pratiquement absent de la croûte terrestre. • À l'échelle mondiale, la limite Crétacé-Tertiaire est marquée par un taux anormalement élevé en iridium.
Indices paléontologiques	• Dans le **domaine marin**, on observe la disparition de nombreux groupes d'organismes : – de nombreuses espèces de **foraminifères planctoniques** disparaissent ; – les **coccolithophoridés**, algues unicellulaires planctoniques, sont en grande partie décimés ; – les **ammonites** disparaissent ; – les **reptiles marins** s'éteignent définitivement. • Dans le **domaine continental**, on observe des modifications importantes de la faune et de la flore : – le groupe des reptiles est sévèrement touché ; **dinosaures, reptiles volants et reptiles aquatiques** disparaissent. – les **plantes à fleurs** se raréfient, ce qui se traduit par une nette diminution de la proportion des grains de pollen dans les sédiments. • De telles extinctions massives (plus de 50 % des espèces), rapides (5 à 10 Ma) et généralisées constituent une **crise biologique**.

LES CAUSES DE LA CRISE CRÉTACÉ-TERTIAIRE

1 Le volcanisme du Deccan

Il y a 65 Ma, l'**Inde** se trouvait au niveau du **point chaud de la Réunion**. Pendant plus de **500 000 ans**, d'importantes coulées volcaniques (les **trapps du Deccan**) se sont mises en place :
– baisse du rayonnement atteignant la surface de la Terre et donc **refroidissement climatique** important ;
– **pluies acides** provoquant la dissolution des tests calcaires des espèces planctoniques ;
– libération de CO_2 et de vapeur d'eau dans l'atmosphère, gaz à **effet de serre** entraînant un **réchauffement du climat.**

2 Un impact météoritique

• Il y a 65 Ma, une **météorite de grande taille** (10 km de diamètre) aurait frappé la Terre (mise à jour dans la région de **Chicxulub**, au Mexique, d'un cratère de grande taille daté de –65 Ma).
• Le scénario rejoint celui du volcanisme, avec un **hiver d'impact** dû au nuage de poussières et aux aérosols d'acide sulfurique (formés par la volatilisation des sulfates présents dans le sous-sol), suivi d'un **réchauffement climatique** dû aux gaz à effet de serre.

UTILISATION ET CONSÉQUENCES DE LA CRISE

1 Les crises biologiques, repères de l'histoire de la Terre

• L'évolution d'une espèce est marquée par une augmentation du nombre de ses individus jusqu'à un **maximum**, puis une diminution jusqu'à son **extinction**, qui constituent des **repères chronologiques**. La prise en compte de l'évolution conjointe de nombreuses espèces conduit à établir des **coupures** clairement identifiées.
• Plusieurs épisodes d'extinctions, dont cinq **crises biologiques majeures**, ont marqué l'évolution de la vie. Ces crises ont permis d'effectuer des **coupures** dans les temps géologiques.

2 Crises biologiques et évolution de la vie

• **Certains groupes survivent** à la crise. Ils se **diversifient** très rapidement au début du Tertiaire (apparition des premiers Primates) en occupant à nouveau toutes les **niches écologiques** laissées vacantes par les disparitions (les Cétacés, mammifères marins, apparaissent et se diversifient, à la place des Ichtyosaures, reptiles marins disparus).
• Les crises ont des **conséquences évolutives**, puisqu'elles sont suivies d'une **diversification des espèces**. L'évolution de la vie est ainsi marquée par une succession de **phases d'extinction** suivies de **phases de radiation**, menant à une plus grande **diversité** et une plus grande **complexité**.

Une crise biologique majeure à la limite Crétacé-Tertiaire

B

1 L'ère secondaire est caractérisée par une faune et une flore abondante avec une expansion :

a. des plantes à fleurs, des reptiles et des ammonites.

b. des plantes à fleurs, des reptiles et des mammifères.

c. des plantes à fleurs, des ammonites et des mammifères.

2 À la limite Crétacé-Tertiaire, on assiste à :

a. une phase de diversification des dinosaures et des ammonites.

b. une disparition partielle des dinosaures et des ammonites.

c. une disparition totale des dinosaures et des ammonites.

3 Les Coccolithophoridés, qui sont en pleine expansion au Crétacé, sont :

a. des animaux unicellulaires à test calcaire du zooplancton marin.

b. des invertébrés marins à coquille calcaire.

c. des algues unicellulaires à test calcaire du phytoplancton marin.

4 Les foraminifères sont :

a. des algues unicellulaires à test calcaire du phytoplancton marin.

b. des animaux unicellulaires du zooplancton marin.

c. des invertébrés marins à coquille calcaire.

5 Une crise biologique a des conséquences évolutives avec :

a. une raréfaction de toutes les espèces survivantes.

b. une diversification du vivant.

c. une diminution de la diversité du vivant.

6 Au début du Tertiaire, il y a :

a. diversification des mammifères avec apparition des premiers primates.

b. apparition des premiers mammifères.

c. raréfaction des mammifères.

7 On appelle « radiation adaptative » l'occupation de :

a. milieux différents par des espèces qui se sont diversifiées.

b. quelques niches écologiques par diminution du nombre d'espèces.

c. nombreuses niches écologiques par multiplication d'espèces diversifiées.

SCORE : /7

44 Des indices à la limite Crétacé-Tertiaire permettant d'expliquer la crise

A

1 Des indices sédimentologiques à la limite Crétacé-Tertiaire montrent la présence d'une mince couche d'argile noire indiquant :

- ☐ a. une augmentation du taux de carbonate de calcium dans les sédiments.
- ☐ b. une diminution du taux de silicates dans les sédiments.
- ☐ c. une diminution du taux de carbonate de calcium dans les sédiments.

2 Une diminution du taux de carbonate de calcium peut être mise en relation avec :

- ☐ a. une diminution du nombre de coccolithophoridés en milieu marin.
- ☐ b. une diminution de la sédimentation argileuse.
- ☐ c. une augmentation du nombre de coccolithosphoridés en milieu marin.

3 On observe au niveau de la couche d'argile noire une concentration :

- ☐ a. normale en iridium.
- ☐ b. anormalement faible en iridium.
- ☐ c. anormalement élevée en iridium.

4 Une météorite de 10 km de diamètre a heurté la Terre à la fin du Crétacé. Son cratère d'impact a été identifié :

- ☐ a. en Australie.
- ☐ b. en Afrique du Sud.
- ☐ c. dans le golfe du Mexique.

5 Les indices témoignant de la chute d'une météorite sont, outre la présence de spinelles nickélifères :

- ☐ a. la présence d'iridium et de quartz choqués.
- ☐ b. la présence d'iridium et d'argile noire.
- ☐ c. la présence d'iridium et de carbonate de calcium.

6 À la limite Crétacé-Tertiaire, un épisode volcanique de grande ampleur est à l'origine d'empilements gigantesques de lave qui sont :

- ☐ a. les trapps du Pinatubo formés par l'existence d'un point chaud.
- ☐ b. les trapps du Deccan en Inde formés par l'existence d'un point chaud.
- ☐ c. les trapps d'un volcanisme d'expansion.

7 La chute d'une météorite de grande taille et un volcanisme de grande ampleur :

- ☐ a. ont un effet limité sur la vie dans les océans.
- ☐ b. entraînent une crise biologique.
- ☐ c. n'ont aucun effet sur la biosphère.

SCORE : /7

Les crises biologiques : des repères dans l'histoire de la Terre

45

E

1 La crise biologique majeure de la fin du Crétacé a permis d'établir une coupure entre le Secondaire et le Tertiaire et a été datée par :

a. datation relative à –65 millions d'années. ☐

b. datation absolue à –65 millions d'années. ☐

c. datation absolue à –100 millions d'années. ☐

2 Au cours des temps géologiques, du Primaire au Secondaire puis au Tertiaire, plusieurs crises biologiques majeures ont eu lieu et au total :

a. il y en a eu trois permettant de distinguer les trois ères géologiques. ☐

b. il y en a eu quatre, une au début et une à la fin de chaque ère. ☐

c. il y en a eu cinq. ☐

3 Une espèce est marquée par son apparition, un nombre culminant d'individus, puis une extinction. Les repères chronologiques sont basés :

a. sur l'apparition ou la disparition des espèces. ☐

b. uniquement sur l'apparition des espèces. ☐

c. uniquement sur la disparition des espèces. ☐

4 L'étude des fossiles retrouvés dans les sédiments a permis d'établir, grâce à une chronologie :

a. relative, une échelle complexe des temps géologiques. ☐

b. relative, une échelle stratigraphique des temps géologiques. ☐

c. absolue, une échelle complexe des temps géologiques. ☐

5 Chaque ère est subdivisée. Par exemple, l'ère secondaire est subdivisée en trois systèmes qui sont, du plus ancien au plus récent :

a. Trias, Jurassique, Crétacé. ☐

b. Jurassique, Trias, Crétacé. ☐

c. Jurassique, Crétacé, Trias. ☐

6 Les fossiles permettant d'établir des coupures précises des temps géologiques sont :

a. des fossiles qui ont une extension temporelle importante. ☐

b. des fossiles stratigraphiques. ☐

c. des fossiles caractéristiques d'un milieu donné. ☐

7 Les crises biologiques majeures que la Terre a connues ont toutes eu pour origine des événements géologiques, lesquels :

a. sont à chaque fois différents. ☐

b. sont toujours d'origine volcanique. ☐

c. peuvent être communs. ☐

SCORE : /7

Bilan

D

1 **La crise biologique majeure de la fin du Crétacé a permis d'établir une coupure entre le Secondaire et le Tertiaire et a été datée par :**

☐ a. datation relative à –65 millions d'années.

☐ b. datation absolue à –65 millions d'années.

☐ c. datation absolue à –100 millions d'années.

2 **On observe au niveau de la couche d'argile noire une concentration :**

☐ a. anormalement faible en iridium.

☐ b. anormalement élevée en iridium.

☐ c. normale en iridium.

3 **À la limite Crétacé-Tertiaire, un épisode volcanique de grande ampleur est à l'origine d'empilements gigantesques de lave qui sont :**

☐ a. les trapps du Deccan en Inde formés par l'existence d'un point chaud.

☐ b. les trapps d'un volcanisme d'expansion.

☐ c. les trapps du Pinatubo formés par l'existence d'un point chaud.

4 **Des indices sédimentologiques à la limite Crétacé-Tertiaire montrent la présence d'une mince couche d'argile noire indiquant :**

☐ a. une augmentation du taux de carbonate de calcium dans les sédiments.

☐ b. une diminution du taux de silicates dans les sédiments.

☐ c. une diminution du taux de carbonate de calcium dans les sédiments.

5 **Une crise biologique a des conséquences évolutives avec :**

☐ a. une diminution de la diversité du vivant.

☐ b. une diversification du vivant.

☐ c. une raréfaction de toutes les espèces survivantes.

6 **Les indices témoignant de la chute d'une météorite sont, outre la présence de spinelles nickélifères :**

☐ a. la présence d'iridium et d'argile noire.

☐ b. la présence d'iridium et de carbonate de calcium.

☐ c. la présence d'iridium et de quartz choqués.

7 **On appelle « radiation adaptative » l'occupation de :**

☐ a. nombreuses niches écologiques par multiplication d'espèces diversifiées.

☐ b. milieux différents par des espèces qui se sont diversifiées.

☐ c. quelques niches écologiques par diminution du nombre d'espèces.

SCORE : /7

Du passé géologique à l'évolution future de la planète *(spécialité)*

LES CHANGEMENTS DU CLIMAT DES 700 000 DERNIÈRES ANNÉES

1 Mise en évidence de variations climatiques

• Les variations locales de température sont déduites de la composition isotopique de l'oxygène **($^{18}O/^{16}O$) des glaces**. On calcule : $\delta^{18}O = [[(^{18}O/^{16}O)_{glace} - (^{18}O/^{16}O)_{SMOW}] / (^{18}O/^{16}O)_{SMOW}] \times 1\,000$.
Comme le $\delta^{18}O$ **varie de manière linéaire en fonction de la température**, il permet de déterminer des paléotempératures à partir de glaces anciennes.

• Les variations climatiques locales sont déduites de l'étude de **carottes de pollen fossile**. L'évolution des **spectres polliniques** au cours du temps **(diagrammes polliniques)** permettent de reconstituer les climats qui se sont succédé en appliquant le **principe d'actualisme**.

• Les variations globales des calottes glaciaires et des glaciers sont déduites de la composition isotopique de l'oxygène **($^{18}O/^{16}O$) des tests carbonatés** dans les sédiments océaniques. Une **augmentation du $\delta^{18}O$ des tests carbonatés traduit une augmentation du volume des glaces** et donc un refroidissement.

2 Les variations des paramètres orbitaux de la Terre

• Milankovitch met en évidence une **modification périodique** des paramètres orbitaux de la Terre permettant d'expliquer les variations périodiques du climat :
– l'excentricité de la Terre varie selon une période de **100 000 ans** ;
– l'obliquité de l'axe de rotation de la Terre varie selon une période de **41 000 ans** ;
– la précession des équinoxes liée au déplacement circulaire de l'axe de rotation de la Terre se combine à la rotation de l'orbite terrestre selon une double période de **24 000 et 19 000 ans**.

• Les variations au cours du temps de ces paramètres astronomiques modifient **l'importance et la répartition selon la latitude de l'énergie reçue par la surface de la Terre.**

3 Des phénomènes amplificateurs

• Lors d'un refroidissement climatique, glace et neige couvrent une plus grande partie de la surface de la Terre. La neige et la glace ayant un **albédo important**, la quantité d'énergie réfléchie par la surface de la Terre augmente : le refroidissement initial est donc amplifié.

• Lors d'un réchauffement climatique, la solubilité du CO_2 dans les océans diminuant, l'atmosphère s'enrichit en CO_2. L'effet de serre augmente : le réchauffement initial est donc amplifié.

LES CHANGEMENTS CLIMATIQUES AUX PLUS GRANDES ÉCHELLES DE TEMPS

1 Des indices de changements climatiques

• **Le climat au Carbonifère**

La présence de **tillites** et de **roches striées** sur certains continents témoigne de l'existence de calottes glaciaires à cette époque.

La présence de **charbon** et de **fossiles de végétaux**, caractéristiques d'un climat chaud sur d'autres continents, témoigne d'un climat tropical.

Ces indices témoignent d'une position différente des continents au Carbonifère du fait du déplacement des plaques lithosphériques.

Globalement, le climat planétaire au Carbonifère devait être semblable à celui du Quaternaire car marqué par l'existence d'une **importante calotte glaciaire**.

• **Le climat au Crétacé**

Absence de traces d'activité glaciaire.

Présence de coraux jusqu'à des latitudes élevées.

Présence d'évaporites, de latérites et de bauxites.

Niveau de la mer supérieur de 300 m par rapport à l'actuel.

Ces indices témoignent d'un climat globalement très chaud.

2 Des modifications de la teneur en CO_2 de l'atmosphère

• **Piégeage de la matière organique dans les roches**

Une grande quantité de carbone organique se retrouve piégée dans des roches (charbons) ; ce carbone n'est pas minéralisé et échappe au cycle biologique du carbone.

La quantité de CO_2 dans l'atmosphère diminue, entraînant une diminution de l'effet de serre et donc un refroidissement au Carbonifère.

• **Altération des silicates**

Cette altération consomme du CO_2 qui est alors retiré de l'atmosphère.

Au Carbonifère, l'érosion de la chaîne hercynienne a entraîné une consommation importante de CO_2 induisant une diminution de l'effet de serre et donc un refroidissement.

• **Émission de CO_2 au Crétacé**

Cette émission a été très importante du fait d'une activité volcanique importante, notamment au niveau des dorsales océaniques.

LES VARIATIONS DU NIVEAU DE LA MER

MISE EN ÉVIDENCE DES VARIATIONS DU NIVEAU DE LA MER	
Au Quaternaire	Traces d'activités humaines, paléorivages et coraux fossiles témoignent de variations de l'ordre de la **centaine de mètres**.
Au Crétacé	Transgression et régression sont enregistrées dans les séries sédimentaires, qui témoignent de variations de l'ordre de **plusieurs centaines de mètres**.

LES CAUSES DES VARIATIONS MONDIALES DU NIVEAU DE LA MER	
Dilatation thermique de l'eau	Phénomène **rapide** et de **faible amplitude** se produisant à l'échelle de quelques **centaines d'années**.
Formation et destruction des calottes glaciaires	Phénomène **assez rapide** et **de forte amplitude** se produisant sur des périodes de **100 000 ans**.
Variation du volume des bassins océaniques	Phénomène **lent** et de **forte amplitude** se produisant à l'échelle de la dizaine de **millions d'années**.

46 Le $\delta^{18}O$

F

1 **Le $\delta^{18}O$ des glaces utilise un rapport isotopique mesuré sur un échantillon de glace qui est :**

☐ a. $^{18}O/^{16}O$.

☐ b. $^{16}O/^{18}O$.

☐ c. $^{18}O_{eau}/^{18}O_{glace}$.

2 **Les mesures de composition isotopique de l'oxygène montrent que le $\delta^{18}O$ dans la glace :**

☐ a. augmente quand la température diminue.

☐ b. diminue quand la température diminue.

☐ c. diminue quand la température augmente.

3 **La valeur de référence pour calculer le $\delta^{18}O$ des glaces correspond au rapport isotopique $^{18}O/^{16}O$:**

☐ a. de la moyenne des glaces mondiales.

☐ b. de la moyenne de l'eau de l'océan actuel.

☐ c. de la moyenne des eaux de pluie.

4 **On peut interpréter la diminution du $\delta^{18}O$ des glaces par le fait qu'au moment de la formation des glaces il y a :**

☐ a. une diminution de la température.

☐ b. une augmentation de la température.

☐ c. une augmentation du niveau marin.

5 **Pour le $\delta^{18}O$ des sédiments océaniques, on utilise comme valeur de référence le rapport isotopique $^{18}O/^{16}O$ des tests de foraminifères du :**

☐ a. Permien.

☐ b. Jurassique.

☐ c. Crétacé.

6 **Pour avoir une tendance mondiale, on évalue le $\delta^{18}O$ des sédiments océaniques en utilisant :**

☐ a. les tests carbonatés des foraminifères planctoniques.

☐ b. les tests carbonatés des coccolithophoridés.

☐ c. les tests carbonatés des foraminifères benthiques.

7 **L'augmentation du $\delta^{18}O$ des sédiments océaniques peut s'interpréter comme une diminution de la température et :**

☐ a. une diminution du volume des calottes glaciaires.

☐ b. une augmentation du volume des calottes glaciaires.

☐ c. une augmentation du niveau marin.

SCORE : /7

Les informations des paléoclimats dans les lacs et tourbières

47

C

1 Les sédiments lacustres et les tourbières peuvent nous renseigner sur les climats du passé grâce au piégeage :

a. de grains de pollen et de spores. ☐

b. des poissons. ☐

c. des insectes. ☐

2 Les tourbières sont des zones formées par accumulation :

a. d'animaux morts. ☐

b. de mousses et de sphaignes. ☐

c. de troncs d'arbres morts. ☐

3 Les grains de pollen et les spores peuvent se fossiliser grâce à :

a. leurs enveloppes externes très résistantes. ☐

b. leurs cytoplasmes très rigides. ☐

c. leurs membranes plasmiques très résistantes. ☐

4 Le résultat de l'analyse statistique des différents pollens et spores d'un niveau donné d'une carotte est appelé :

a. diagramme pollinique. ☐

b. secteur pollinique. ☐

c. spectre pollinique. ☐

5 Les spectres polliniques disposés sur une échelle de temps constituent :

a. une carotte sédimentaire. ☐

b. une série pollinique. ☐

c. un diagramme pollinique. ☐

6 Le principe d'actualisme permet de reconstituer les climats du passé en considérant que les espèces végétales fossiles :

a. vivaient sous les mêmes latitudes que les espèces actuelles. ☐

b. avaient les mêmes exigences climatiques que les espèces actuelles. ☐

c. avaient des exigences climatiques opposées à celles des espèces actuelles. ☐

7 Une abondance de graminées et une diminution de pollens d'arbres est la preuve :

a. d'un réchauffement du climat. ☐

b. d'un recul des glaciers. ☐

c. d'un refroidissement du climat. ☐

SCORE : /7

48 Les mécanismes à l'origine des variations périodiques du climat

H

1 Les paramètres orbitaux permettent d'expliquer des cycles de variations climatiques avec une périodicité de :

- ☐ a. 100 000, 41 000 et 24 000 ans.
- ☐ b. 100 000, 41 000, 30 000 et 10 000 ans.
- ☐ c. 100 000, 41 000, 24 000 et 19 000 ans.

2 L'albédo et la teneur en CO_2 atmosphérique sont des mécanismes :

- ☐ a. amplificateurs de l'importance des modifications climatiques.
- ☐ b. déclencheurs des modifications climatiques.
- ☐ c. sans réel effet sur l'importance des modifications climatiques.

3 L'albédo est le rapport entre :

- ☐ a. l'énergie réfléchie par la surface de la Terre et l'énergie qu'elle garde.
- ☐ b. l'énergie réfléchie par la surface de la Terre et l'énergie qu'elle reçoit.
- ☐ c. l'énergie que reçoit la surface de la Terre et l'énergie qu'elle réfléchit.

4 L'albédo de la glace est important. Ainsi, en période glaciaire, l'albédo moyen de la Terre entraîne une rétroaction positive par :

- ☐ a. sa diminution, renforçant ainsi son refroidissement initial.
- ☐ b. son augmentation, renforçant ainsi son refroidissement initial.
- ☐ c. son augmentation, diminuant ainsi le refroidissement initial.

5 Le CO_2 atmosphérique joue un rôle important en climatologie car :

- ☐ a. il absorbe le rayonnement infrarouge émis par la Terre.
- ☐ b. il laisse passer le rayonnement infrarouge émis par la Terre.
- ☐ c. il absorbe le rayonnement ultraviolet du Soleil.

6 Lorsque la température augmente, la solubilité du CO_2 dans l'océan :

- ☐ a. reste stable.
- ☐ b. augmente et le CO_2 se concentre dans l'eau.
- ☐ c. diminue et du CO_2 passe dans l'atmosphère.

7 L'augmentation de CO_2 atmosphérique entraîne par rétroaction positive :

- ☐ a. un réchauffement par augmentation de l'effet de serre.
- ☐ b. un réchauffement par diminution de l'effet de serre.
- ☐ c. un refroidissement par diminution de l'effet de serre.

SCORE : /7

Les changements climatiques aux plus grandes échelles de temps

49

B

1 La présence de fossiles de fougères arborescentes dans les terrains du Carbonifère au Nord de la France s'interprète comme la présence :

a. d'un climat tropical. ☐

b. d'un climat continental. ☐

c. d'un climat tempéré. ☐

2 Au Permo-Carbonifère, la présence de tillites et de moraines au niveau mondial est le signe d'une période :

a. tempérée. ☐

b. chaude. ☐

c. froide. ☐

3 Au Crétacé, la présence de fossiles de coraux à des latitudes élevées et de palmiers au Groenland est la preuve d'une période :

a. froide. ☐

b. tempérée. ☐

c. chaude. ☐

4 L'altération des silicates calciques produit des ions Ca^{2+} et HCO_3^-. La précipitation de ces ions dans les océans :

a. aboutit à la consommation de CO_2 et à un réchauffement climatique. ☐

b. aboutit à la consommation de CO_2 et à un refroidissement climatique. ☐

c. aboutit à la production de CO_2 et à un réchauffement climatique. ☐

5 Au Permo-Carbonifère, le taux de CO_2 atmosphérique minimal peut s'expliquer par :

a. le dégazage du manteau par le volcanisme. ☐

b. le piégeage de carbone dans la matière organique. ☐

c. la précipitation des carbonates. ☐

6 Au Crétacé, le taux de CO_2 atmosphérique était maximal, ce qui peut s'expliquer par :

a. une très forte activité des dorsales océaniques. ☐

b. une altération très importante de chaînes de montagnes. ☐

c. une dissolution des carbonates. ☐

7 À l'aide de l'étude des climats du passé, on estime qu'au XXIe siècle la température va :

a. diminuer de 2 à 5°C. ☐

b. augmenter de 5 à 10°C. ☐

c. augmenter de 2 à 5°C. ☐

SCORE : /7

50 Les indices de variations du niveau marin au cours des temps géologiques

D

1 Les traces de lignes de rivage se caractérisent par :

- [ ] a. des calcaires.
- [ ] b. des graviers, des galets et des coquillages de toutes sortes.
- [ ] c. des argiles.

2 La découverte de grottes immergées telle que la grotte Cosquer est un témoin :

- [ ] a. d'une diminution du niveau marin.
- [ ] b. d'une montée du niveau marin.
- [ ] c. d'une glaciation.

3 Les récifs coralliens permettent de préciser les variations du niveau marin grâce à leurs conditions de vie particulières car ils ne se développent :

- [ ] a. qu'entre la surface et 70 m de profondeur.
- [ ] b. qu'à la surface.
- [ ] c. qu'après 70 m de profondeur.

4 Une série transgressive se caractérise par une succession de roches suivantes (de bas en haut) :

- [ ] a. carbonates, particules fines et particules grossières.
- [ ] b. carbonates, particules grossières et particules fines.
- [ ] c. particules grossières, particules fines et carbonates.

5 Une série régressive se caractérise par une succession de roches suivantes (de bas en haut) :

- [ ] a. particules grossières, particules fines et carbonates.
- [ ] b. carbonates, particules fines et particules grossières.
- [ ] c. carbonates, particules grossières et particules fines.

6 En France, les séries sédimentaires du Crétacé sont interprétées comme :

- [ ] a. une grande glaciation.
- [ ] b. une grande régression marine.
- [ ] c. une grande transgression marine.

7 Le Crétacé se caractérise par une absence :

- [ ] a. de calottes polaires.
- [ ] b. de récifs coralliens.
- [ ] c. d'océans.

SCORE : /7

L'origine des variations du niveau marin (1)

51

A

1 **On considère que pendant les 200 derniers millions d'années le volume d'eau sous forme de glace, de liquide et de vapeur :**

a. a augmenté à la surface de la Terre. ☐

b. a diminué à la surface de la Terre. ☐

c. est constant à la surface de la Terre. ☐

2 **La dilatation thermique de l'eau permet :**

a. une élévation de l'ordre du millimètre par an. ☐

b. une diminution de l'ordre du centimètre par an. ☐

c. une élévation de l'ordre d'une centaine de mètres par an. ☐

3 **La dilatation thermique est un phénomène :**

a. lent mais de forte amplitude. ☐

b. lent et de faible amplitude. ☐

c. rapide mais de faible amplitude. ☐

4 **L'augmentation du niveau marin peut être due à la fonte :**

a. des banquises. ☐

b. des glaces atmosphériques. ☐

c. des glaciers continentaux. ☐

5 **La fonte des glaces continentales se produit sur des périodes de temps de :**

a. 10 000 à 100 000 ans. ☐

b. 1 000 à 5 000 ans. ☐

c. 100 à 500 ans. ☐

6 **La fonte des glaces continentales est un phénomène :**

a. rapide mais de faible amplitude. ☐

b. rapide et de forte amplitude. ☐

c. lent mais de forte amplitude. ☐

7 **La fonte des glaces continentales permet une augmentation du niveau marin pouvant atteindre :**

a. une dizaine de mètres. ☐

b. une centaine de mètres. ☐

c. plusieurs centaines de mètres. ☐

SCORE : /7

52 L'origine des variations du niveau marin (2)

F

1 Quand les dorsales sont très actives, le volume libre des bassins océaniques :

- [ ] a. diminue.
- [ ] b. augmente.
- [ ] c. reste constant.

2 Quand le volume des dorsales augmente, on constate sur les continents :

- [ ] a. une régression du niveau marin.
- [ ] b. une transgression du niveau marin.
- [ ] c. un niveau marin constant.

3 La variation du volume des bassins océaniques est un phénomène :

- [ ] a. rapide et de forte amplitude.
- [ ] b. lent mais de forte amplitude.
- [ ] c. lent et de faible amplitude.

4 Les variations du niveau marin à l'échelle du millier d'années sont dues à des variations du volume :

- [ ] a. des glaciers et des calottes glaciaires.
- [ ] b. des glaciers et de la banquise.
- [ ] c. des glaciers, des calottes glaciaires et de la banquise.

5 Les variations du niveau marin associées aux variations du volume des bassins océaniques sont de l'ordre de :

- [ ] a. quelques centimètres.
- [ ] b. quelques mètres.
- [ ] c. plusieurs centaines de mètres.

6 Les variations du niveau marin, dues essentiellement aux variations du volume des bassins océaniques, sont des variations à l'échelle :

- [ ] a. d'une vie humaine.
- [ ] b. de la dizaine de milliers d'années.
- [ ] c. de la dizaine de millions d'années.

7 Les variations du niveau marin, dues essentiellement aux variations du volume des glaces continentales et de la dilatation thermique, sont :

- [ ] a. des variations à l'échelle d'une vie humaine.
- [ ] b. des variations à l'échelle de la dizaine de milliers d'années.
- [ ] c. des variations à l'échelle de la dizaine de millions d'années.

SCORE : /7

G

1 L'augmentation du $\delta^{18}O$ des sédiments océaniques peut s'interpréter comme une diminution de la température et :

a. une augmentation du niveau marin. ☐

b. une augmentation du volume des calottes glaciaires. ☐

c. une diminution du volume des calottes glaciaires. ☐

2 La dilatation thermique de l'eau permet :

a. une élévation de l'ordre d'une centaine de mètres par an. ☐

b. une diminution de l'ordre du centimètre par an. ☐

c. une élévation de l'ordre du millimètre par an. ☐

3 Une série transgressive se caractérise par une succession de roches suivantes (de bas en haut) :

a. carbonates, particules fines et particules grossières. ☐

b. particules grossières, particules fines et carbonates. ☐

c. carbonates, particules grossières et particules fines. ☐

4 L'altération des silicates calciques produit des ions Ca^{2+} et HCO_3^-. La précipitation de ces ions dans les océans :

a. aboutit à la consommation de CO_2 et à un refroidissement climatique. ☐

b. aboutit à la consommation de CO_2 et à un réchauffement climatique. ☐

c. aboutit à la production de CO_2 et à un réchauffement climatique. ☐

5 Au Permo-Carbonifère, le taux de CO_2 atmosphérique minimal peut s'expliquer par :

a. le dégazage du manteau par le volcanisme. ☐

b. la précipitation des carbonates. ☐

c. le piégeage de carbone dans la matière organique. ☐

6 Le résultat de l'analyse statistique des différents pollens et spores d'un niveau donné d'une carotte est appelé :

a. spectre pollinique. ☐

b. secteur pollinique. ☐

c. diagramme pollinique. ☐

7 Une abondance de graminées et une diminution de pollens d'arbres est la preuve :

a. d'un refroidissement du climat. ☐

b. d'un recul des glaciers. ☐

c. d'un réchauffement du climat. ☐

SCORE : /7

Bilan 2

H

1 **Au Crétacé, le taux de CO_2 atmosphérique était maximal, ce qui peut s'expliquer par :**

- [ ] a. une altération très importante de chaînes de montagnes.
- [ ] b. une dissolution des carbonates.
- [ ] c. une très forte activité des dorsales océaniques.

2 **Les spectres polliniques disposés sur une échelle de temps constituent :**

- [ ] a. un diagramme pollinique.
- [ ] b. une série pollinique.
- [ ] c. une carotte sédimentaire.

3 **Les récifs coralliens permettent de préciser les variations du niveau marin grâce à leurs conditions de vie particulières car ils ne se développent :**

- [ ] a. qu'à la surface.
- [ ] b. qu'entre la surface et 70 m de profondeur.
- [ ] c. qu'après 70 m de profondeur.

4 **Le CO_2 atmosphérique joue un rôle important en climatologie car :**

- [ ] a. il laisse passer le rayonnement infrarouge émis par la Terre.
- [ ] b. il absorbe le rayonnement infrarouge émis par la Terre.
- [ ] c. il absorbe le rayonnement ultraviolet du Soleil.

5 **L'augmentation du niveau marin peut être due à la fonte :**

- [ ] a. des glaciers continentaux.
- [ ] b. des glaces atmosphériques.
- [ ] c. des banquises.

6 **Les mesures de composition isotopique de l'oxygène montrent que le $\delta^{18}O$ dans la glace :**

- [ ] a. augmente quand la température diminue.
- [ ] b. diminue quand la température augmente.
- [ ] c. diminue quand la température diminue.

7 **L'albédo et la teneur en CO_2 atmosphérique sont des mécanismes :**

- [ ] a. amplificateurs de l'importance des modifications climatiques.
- [ ] b. sans réel effet sur l'importance des modifications climatiques.
- [ ] c. déclencheurs des modifications climatiques.

SCORE : /7

Des débuts de la génétique aux enjeux actuels des biotechnologies *(spécialité)*

MENDEL, MORGAN ET L'HÉRÉDITÉ

1 Les travaux de Mendel (1870)

• Des expériences de monohybridisme et de dihybridisme chez des plantes à fleurs montrent que l'absence d'hybride avec des caractères intermédiaires **réfute l'idée d'une hérédité par mélange**.

• Mendel suggère l'idée que les traits d'un caractère se transmettent comme des unités distinctes et émet l'hypothèse d'un support matériel à ces unités, comme s'il s'agissait de particules : c'est le concept d'**hérédité particulaire**, qui marque une rupture importante avec le concept d'hérédité par mélange.

• Mendel désigne par des lettres ces particules appelées « **unités, facteurs ou éléments mendéliens** ».

2 Les travaux de Morgan (1908-1915)

• **La théorie chromosomique de l'hérédité**

Avec les travaux de Morgan, la théorie chromosomique sera formulée de la manière suivante : les gènes sont **portés par les chromosomes** et occupent sur ceux-ci des **emplacements fixes**. Les chromosomes sont donc responsables du **stockage** et de la **transmission** du patrimoine génétique.

• **Des résultats de monohybridisme différents de ceux de Mendel**

Morgan explique ces résultats par la présence de gènes sur le chromosome X et leur absence sur chromosome Y. Il appelle cela « l'hérédité limitée au sexe » connue aujourd'hui sous le terme d'« **hérédité liée au sexe** ».

• **Des résultats de dihybridisme différents de ceux de Mendel**

Morgan explique cela par la présence de **gènes liés** : l'apparition de nouvelles combinaisons d'allèles est alors possible grâce à des phénomènes de ***crossing-over***.

• **Définition du gène**

À la suite de ces travaux, le gène est défini comme étant un **petit segment de chromosome** situé à un **locus précis** et représentant :

– une unité de **fonction** car indispensable à la réalisation d'un caractère ;

– une unité de **mutation** car pouvant subir des changements créant de nouveaux allèles et de nouvelles formes d'un caractère donné ;
– une unité de **recombinaison** car l'allèle d'un gène situé sur une chromatide peut être échangé par *crossing-over* avec un autre allèle situé sur la chromatide homologue.

LES AVANCÉES TECHNOLOGIQUES DES ANNÉES 1970

1 La découverte des enzymes de restriction

• Une enzyme de restriction reconnaît une séquence spécifique de quelques bases ou site de restriction dans une molécule d'ADN. Ces enzymes permettent ainsi de découper l'ADN en différents fragments appelés « **fragments de restriction** ».
• Le nombre et la taille des fragments dépendent de la présence et du nombre de sites de restriction.
• L'utilisation de ces enzymes a permis d'établir **des cartes de restriction**.

2 Séparation de fragments d'ADN par électrophorèse

• L'électrophorèse permet de **séparer des molécules** en fonction de leur taille et de leur charge électrique.
• Cette technique permet de séparer des **fragments d'ADN**. On peut ainsi déterminer la taille d'un fragment par comparaison avec la migration de fragments de taille connue ou fragments étalons.

3 Repérer un fragment d'ADN

• Lors de l'utilisation des enzymes de restriction, les fragments de restriction peuvent être séparés par électrophorèse.
• Parmi tous ces fragments, certains peuvent être intéressants car, par exemple, ils contiennent un gène à étudier.
• Pour trouver parmi ces fragments celui à étudier, on hybride l'ADN dénaturé avec une sonde radioactive, ce qui le rend visible par une **autoradiographie**.

4 La construction d'ADN recombinant

• Les techniques de l'ADN recombinant reposent sur l'utilisation des **enzymes de restriction** et d'une ligase. La **ligase** est une enzyme qui permet de créer une construction génique en associant deux fragments d'ADN différents.
• Dans cette technique de l'ADN recombinant, on utilise des enzymes de restriction qui découpent l'ADN de façon à obtenir des **extrémités « cohésives »**. La ligase permet ainsi de recoller deux fragments d'ADN (obtenus avec la même enzyme de restriction) isolés de deux espèces différentes.

L'OBTENTION D'ORGANISMES GÉNÉTIQUEMENT MODIFIÉS

• La **transgenèse** permet de construire des OGM grâce à des vecteurs de gènes d'intérêt exprimant des protéines recombinantes.
• La transgenèse consiste à **transférer** un gène d'un organisme à un autre organisme de la même espèce ou non.
• La **protéine recombinante** produite à partir du nouveau gène confère un **nouveau phénotype**.

L'EXAMEN DES ARBRES GÉNÉALOGIQUES

• Cet examen a pour but de déterminer le **mode de transmission** d'un gène selon le mode dominant ou récessif et si le gène est situé sur un **chromosome sexuel** ou sur un **autosome**.
• Il permet, en outre, d'évaluer le **risque de transmission** d'une maladie à la descendance d'un couple.

1 Dans le cas d'une maladie autosomique récessive

• Les individus **malades** sont **homozygotes récessifs** et possèdent l'allèle morbide en **double exemplaire**.
• Les hétérozygotes ne sont pas malades.
• Un couple d'hétérozygotes a **1 risque sur 4** d'avoir un enfant malade, donc 3 chances sur 4 d'avoir un enfant sain mais celui-ci sera hétérozygote dans **2 cas sur 3**.
• Si la probabilité au sein de la population d'être hétérozygote est n, la probabilité pour que les deux individus d'un couple soient hétérozygotes est : **n × n**. Pour un couple, la probabilité d'avoir un enfant malade est donc : **n × n × ¼**.

2 Dans le cas d'une maladie autosomique dominante

• Les **hétérozygotes** sont **malades** car l'allèle morbide est dominant.
• Les enfants qui ont un parent malade ont **1 risque sur 2** d'hériter de l'allèle morbide.

3 Dans le cas d'une maladie gonosomique récessive liée à l'X

• Un homme malade et une femme non malade homozygote ont des enfants non malades mais les filles sont hétérozygotes. Elles sont dites « **vectrices** » de la maladie.
• Des femmes vectrices transmettent l'allèle morbide à leurs filles et à leur fils dans **un cas sur deux**.
• Avec **un seul chromosome X** porteur de l'allèle morbide, un garçon est malade.
• Une fille n'est malade que si l'allèle morbide est présent sur ses **deux chromosomes X** (son père est donc forcément malade). C'est pourquoi les maladies liées à l'X sont moins fréquentes chez les filles.

• Une femme homozygote pour l'allèle morbide le transmet à **tous ses enfants** mais **seuls ses fils** seront **malades**.

4 Dans le cas d'une maladie gonosomique dominante liée à l'X

• Une femme malade, hétérozygote, et un homme sain ont des fils et des filles qui ont chacun **1 risque sur 2** d'être malades.
• En revanche, si l'homme est malade et la femme saine, donc homozygote, les **filles** sont **obligatoirement malades** et les **fils sains**.

5 Dans le cas d'une maladie gonosomique liée au Y

• Un homme malade transmet obligatoirement l'allèle morbide à **ses fils** qui seront **malades**.
• En revanche, ses **filles** ne seront **jamais malades**.

LE DÉPISTAGE D'UNE ANOMALIE GÉNIQUE

• Le dépistage des anomalies géniques est effectué dans le cas de familles où le risque de transmission d'une maladie est élevé.
• Ces dépistages peuvent être effectués dans le cadre d'une grossesse, afin d'établir un **diagnostic prénatal**.
• Une des techniques employées est la recherche de **sites de restriction**. Les mutations font, en effet, apparaître ou disparaître des sites de restriction dans les gènes et modifient le nombre et la taille des fragments de restriction d'ADN obtenus par des enzymes de restriction. Une électrophorèse de ces fragments ne donnera donc pas le même résultat sur de l'ADN muté et de l'ADN non muté. Ainsi, par **électrophorèse**, **on distinguera les individus homozygotes et hétérozygotes**.

THÉRAPIE GÉNIQUE

• Le principe de la thérapie génique est d'**introduire l'allèle « normal »** d'un gène dans l'organisme d'un malade pour qu'il synthétise alors une **protéine fonctionnelle**.
• L'ADN destiné à corriger l'anomalie est introduit dans les cellules humaines grâce à des **virus vecteurs modifiés,** qui ont été **rendus inoffensifs**.

Les travaux de Mendel 53

E

1 Les travaux de Mendel, qui marquent les débuts de la génétique, datent :

a. des années 1770, alors que les gènes n'étaient pas connus. ☐

b. des années 1870, alors que les gènes n'étaient pas connus. ☐

c. des années 1870, avec la découverte des gènes. ☐

2 Les travaux de Mendel ont été effectués sur les plantes à fleurs dont la reproduction sexuée fait intervenir :

a. les étamines, organes femelles, et le pistil, organe mâle. ☐

b. les spores, organes mâles, et le réceptacle, organe femelle. ☐

c. les étamines, organes mâles, et le pistil, organe femelle. ☐

3 Avant les travaux de Mendel, l'hérédité était considérée comme étant :

a. un mélange des caractères de la mère et du père. ☐

b. un brassage des caractères des deux parents. ☐

c. la transmission seulement des caractères du père. ☐

4 Les croisements de différentes variétés de pois effectués par Mendel font appel notamment à des variétés :

a. pures, dont les caractères distinctifs sont toujours variables. ☐

b. pures, dont les caractères distinctifs sont stables. ☐

c. dominantes, dont les caractères distinctifs sont stables. ☐

5 Le concept d'hérédité particulaire de Mendel repose sur la transmission d'un support :

a. matériel pour chaque caractère. ☐

b. chromosomique pour chaque caractère. ☐

c. protéique pour chaque caractère. ☐

6 Les travaux de Mendel ont permis de mettre en évidence :

a. la transmission des chromosomes. ☐

b. des caractères dominants et récessifs. ☐

c. l'existence de caractères liés. ☐

7 La démarche scientifique de Mendel met en œuvre une analyse des résultats des divers croisements qui est :

a. uniquement qualitative, portant sur des expériences d'hybridation. ☐

b. quantitative, portant uniquement sur des croisements entre lignées pures. ☐

c. quantitative, portant sur des expériences d'hybridation. ☐

SCORE : /7

54 La théorie chromosomique de l'hérédité (1)

C

1 Les travaux de Mendel (1822-1884) restent à l'époque ignorés en partie faute de connaissances sur :

- [ ] **a.** la méiose.
- [ ] **b.** la synthèse des protéines.
- [ ] **c.** l'embryologie.

2 La théorie chromosomique de l'hérédité a été élaborée dans les années :

- [ ] **a.** 1890.
- [ ] **b.** 1900.
- [ ] **c.** 1930.

3 Lorsque le botaniste Hugo De Vries effectue ses expériences de croisement entre deux lignées pures, la génération F1 présente :

- [ ] **a.** toujours le ou les caractères d'un seul des deux parents.
- [ ] **b.** toujours les caractères des deux parents.
- [ ] **c.** un mélange des caractères des deux parents.

4 Le croisement des hybrides F1 entre eux montre que :

- [ ] **a.** 75 % des individus présentent le caractère récessif.
- [ ] **b.** 25 % des individus présentent le caractère dominant.
- [ ] **c.** 25 % des individus présentent le caractère récessif.

5 La première loi de Mendel énonce qu'au moment de la formation des gamètes, il y a :

- [ ] **a.** ségrégation globale des versions d'un caractère.
- [ ] **b.** transmission globale des versions d'un caractère.
- [ ] **c.** ségrégation indépendante des versions d'un caractère.

6 La seconde loi de Mendel énonce que, pour plusieurs couples de caractères, il y a séparation des différentes versions d'un caractère et :

- [ ] **a.** réassortiment qui dépend des versions d'un autre caractère.
- [ ] **b.** réassortiment, indépendamment des versions d'un autre caractère.
- [ ] **c.** mélange des différentes versions des caractères.

7 Le biologiste Sutton (1903), en étudiant la répartition des chromosomes au cours de la méiose, parvient à la conclusion que :

- [ ] **a.** les caractères mendéliens sont situés sur les chromosomes.
- [ ] **b.** les molécules mendéliennes sont situées sur les chromosomes.
- [ ] **c.** les éléments mendéliens sont situés sur les chromosomes.

SCORE : /7

La théorie chromosomique de l'hérédité : les travaux de Morgan (2)

B

1 Les travaux de Morgan (1866-1945) sur l'hérédité débutent en 1908 et portent sur des croisements entre :

a. drosophiles, chez lesquelles des mutations sont repérées. ☐

b. drosophiles, chez lesquelles les mutations sont provoquées. ☐

c. coléoptères, chez lesquels des mutations sont repérées. ☐

2 Au cours de ces travaux, Morgan montre que certains résultats de croisement ne corroborent pas les lois de Mendel car :

a. certaines mutations affectent le phénotype sexuel. ☐

b. certains caractères ne se transmettent pas sexuellement. ☐

c. certains caractères sont liés au sexe. ☐

3 Les travaux de Morgan portant sur des croisements faisant intervenir des gènes liés :

a. confirment la première loi de Mendel. ☐

b. confirment la deuxième loi de Mendel. ☐

c. ne confirment pas les lois de Mendel. ☐

4 Morgan suggère, après observation de chiasmas lors de la méiose, qu'il existe :

a. des gènes indépendants. ☐

b. des échanges physiques entre chromosomes de la même paire. ☐

c. des échanges physiques entre chromosomes de paires différentes. ☐

5 Le pourcentage de recombinaison entre deux gènes liés est :

a. identique quel que soit le couple de gènes considéré. ☐

b. toujours constant et caractéristique du couple de gènes considéré. ☐

c. égal à 50 %. ☐

6 Les cartes génétiques établies à partir du pourcentage de recombinaison sont :

a. des représentations linéaires des gènes sur les chromosomes. ☐

b. des représentations des paires de chromosomes. ☐

c. des représentations des mutations génétiques. ☐

7 Suite aux travaux effectués au début du XXe siècle, le gène est alors défini comme :

a. une unité de fonction, de mutation et de conversion. ☐

b. une unité de travail, chromosomique et de recombinaison. ☐

c. une unité de fonction, de mutation et de recombinaison. ☐

SCORE : /7

56 L'avènement de la biologie moléculaire

G

1 L'ADN a été considéré comme support moléculaire de l'information génétique vers les années :

- [ ] a. 1910, grâce à une expérience de transformation bactérienne.
- [ ] b. 1940, grâce à une expérience de transformation bactérienne.
- [ ] c. 1960, grâce à une expérience de transformation virale.

2 La composition chimique de l'ADN a été élucidée en partie grâce à une étude portant sur la quantité des diverses bases azotées. On a déduit :

- [ ] a. A = C et T = G ; A + G = T + C.
- [ ] b. A = T et C = G ; A + T = G + C.
- [ ] c. A = T et C = G ; A + G = T + C.

3 La structure de l'ADN a été élucidée dans les années :

- [ ] a. 1950, grâce à une technique par électrophorèse.
- [ ] b. 1950, grâce à une technique par diffraction des rayons X.
- [ ] c. 1960, grâce à un spectromètre de masse.

4 La réplication de l'ADN, élucidée dans les années 1950 à 1960, est un mécanisme qui est :

- [ ] a. semi-conservatif.
- [ ] b. conservatif.
- [ ] c. dispersif.

5 Le nombre de combinaisons possibles de 3 nucléotides successifs de l'ADN permettant de désigner 20 acides aminés est de :

- [ ] a. 20.
- [ ] b. 56.
- [ ] c. 64.

6 La correspondance entre les triplets de nucléotides de l'ARNm, messager intermédiaire entre l'ADN et les protéines, constitue :

- [ ] a. le code génétique établi en 1966.
- [ ] b. l'information génétique établie en 1961.
- [ ] c. le code génétique établi en 1951.

7 Le concept de la relation un gène-une protéine est né vers les années :

- [ ] a. 1940, grâce à l'étude de l'activité des enzymes.
- [ ] b. 1960, grâce à l'étude d'un dysfonctionnement métabolique.
- [ ] c. 1960, grâce à des expériences d'hybridation moléculaire.

SCORE : /7

Les « outils moléculaires » (1) 57

D

1 **La découverte des enzymes de restriction débute dans les années :**

a. 1960. ☐

b. 1970. ☐

c. 1980. ☐

2 **Les enzymes de restriction ont été découvertes pour la première fois chez :**

a. des animaux. ☐

b. des bactéries. ☐

c. des virus. ☐

3 **Une enzyme de restriction reconnaît un site de restriction qui correspond à une séquence spécifique :**

a. de quelques bases de la molécule d'ADN. ☐

b. de quelques bases de la molécule d'ARNm. ☐

c. de quelques acides aminés d'une protéine. ☐

4 **Pour trouver parmi des fragments d'ADN le gène à étudier, on effectue dans un premier temps :**

a. une hydrolyse des fragments d'ADN. ☐

b. une polymérisation des fragments d'ADN. ☐

c. une dénaturation des fragments d'ADN. ☐

5 **Pour trouver parmi des fragments d'ADN le gène à étudier, on utilise, dans un second temps, une sonde :**

a. moléculaire fluorescente. ☐

b. moléculaire radioactive. ☐

c. enzymatique radioactive. ☐

6 **La sonde utilisée pour repérer des fragments d'ADN est constituée :**

a. d'enzymes spécifiques capables de se fixer sur certains de ces fragments. ☐

b. d'anticorps capables de se fixer sur certains de ces fragments. ☐

c. de nucléotides capables de s'hybrider avec certains de ces fragments. ☐

7 **Les fragments d'ADN sont ensuite :**

a. séparés par électrophorèse puis repérés par autoradiographie. ☐

b. séparés par chromatographie puis repérés par autoradiographie. ☐

c. séparés par électrophorèse puis repérés sous lampe à ultraviolets. ☐

SCORE : /7

58 Les « outils moléculaires » (2)

H

1 Pour effectuer un diagnostic génétique, on utilise les enzymes de restriction qui permettent :

- [ ] **a.** d'hydrolyser l'ADN afin d'obtenir des petits fragments.
- [ ] **b.** de synthétiser de nouveaux fragments d'ADN.
- [ ] **c.** de découper l'ADN en petits fragments.

2 Pour obtenir de l'ADN recombinant, on utilise une enzyme appelée :

- [ ] **a.** enzyme ligase.
- [ ] **b.** enzyme recombinante.
- [ ] **c.** recombinase.

3 L'enzyme qui intervient dans la recombinaison de l'ADN permet :

- [ ] **a.** de réassocier 2 brins d'ADN complémentaires d'espèces différentes.
- [ ] **b.** de recoller 2 fragments d'ADN isolés de 2 espèces différentes.
- [ ] **c.** d'associer 1 brin d'ADN et 1 brin d'ARN.

4 La construction d'ADN recombinant se fait notamment dans des petites molécules :

- [ ] **a.** d'ADN circulaires extraites de virus, appelés « les plasmides ».
- [ ] **b.** d'ADN circulaires extraites de bactéries, appelées « les plasmides ».
- [ ] **c.** d'ARN extraites de bactéries, appelées « les plasmides ».

5 Le clonage des gènes est obtenu grâce à la multiplication de :

- [ ] **a.** bactéries recombinées.
- [ ] **b.** cellules végétales recombinées.
- [ ] **c.** cellules animales recombinées.

6 Chez les eucaryotes, l'hybridation moléculaire entre un brin d'ADN d'un gène et son ARNm montre que :

- [ ] **a.** l'ARNm est de la même longueur que l'ADN du gène.
- [ ] **b.** l'ARNm est plus long que l'ADN du gène.
- [ ] **c.** l'ARNm est plus court que l'ADN du gène.

7 Par la technique d'hybridation moléculaire on a découvert que les gènes des eucaryotes étaient :

- [ ] **a.** morcelés, c'est-à-dire constitués d'introns et d'exons.
- [ ] **b.** morcelés, c'est-à-dire constitués de brins transcrits et non transcrits.
- [ ] **c.** fragmentés, c'est-à-dire constitués d'introns et d'exons.

SCORE : /7

Les enjeux actuels des biotechnologies

C

1 L'utilisation des outils moléculaires a permis le clonage des gènes qui est effectué essentiellement par :

a. des bactéries recombinées. ☐

b. des cellules végétales recombinées. ☐

c. des bactéries recombinantes. ☐

2 La transgénèse correspond à un transfert d'un gène d'un organisme à un autre organisme :

a. de la même espèce. ☐

b. de la même espèce ou non. ☐

c. d'une espèce différente. ☐

3 Dans les OGM ou organismes génétiquement modifiés, on a inséré un gène dit :

a. d'intérêt. ☐

b. remarquable. ☐

c. hybride. ☐

4 Lors d'une transgénèse, on peut utiliser, pour effectuer le transfert du gène :

a. une molécule de transfert qui est une enzyme. ☐

b. un vecteur de transfert qui est un macrophage. ☐

c. un vecteur de transfert qui est une bactérie ou un virus bactériophage. ☐

5 Le transgène inséré dans un nouvel organisme commande la synthèse d'une protéine :

a. modifiée. ☐

b. enzymatique. ☐

c. fonctionnelle. ☐

6 L'utilisation des outils moléculaires a permis le séquençage des gènes, c'est-à-dire de connaître :

a. la séquence des différents gènes disposés sur un chromosome. ☐

b. la séquence nucléotidique des gènes. ☐

c. l'ordre dans lequel les gènes ont été découverts puis numérotés. ☐

7 Les domaines d'application de la transgénèse sont :

a. uniquement les domaines pharmaceutique et médical. ☐

b. uniquement le domaine agro-alimentaire. ☐

c. les domaines agro-alimentaire, pharmaceutique et médical. ☐

SCORE : /7

60 Les biotechnologies et la génétique humaine (1)

E

1 Dans le cas d'une maladie autosomique récessive, les malades :

- ☐ **a.** possèdent 1 allèle morbide et sont homozygotes.
- ☐ **b.** possèdent 2 allèles morbides et sont homozygotes.
- ☐ **c.** possèdent 1 allèle morbide et 1 allèle normal et sont hétérozygotes.

2 Dans le cas d'une maladie autosomique récessive, la probabilité pour un couple, parent d'un enfant malade, d'avoir un autre enfant malade est :

- ☐ **a.** de 100 % de risque.
- ☐ **b.** de 1 risque sur 2.
- ☐ **c.** de 1 risque sur 4.

3 Si la fréquence des hétérozygotes dans la population est de 1 sur 25, la probabilité pour qu'un couple ait un enfant malade est :

- ☐ **a.** de $1/25 \times 1/25 \times 1/4$ soit 1 risque sur 2 500.
- ☐ **b.** de $1/25 \times 1/25$ soit 1 risque sur 625.
- ☐ **c.** de 2/25 soit 8 risques sur 100.

4 Dans le cas d'une maladie autosomique dominante, les malades :

- ☐ **a.** possèdent 1 allèle morbide et 1 allèle normal et sont homozygotes.
- ☐ **b.** possèdent 1 allèle morbide et 1 allèle normal et sont hétérozygotes.
- ☐ **c.** possèdent 1 allèle morbide et sont homozygotes.

5 Dans le cas d'une maladie autosomique dominante, la probabilité qu'un couple, parent d'un enfant malade, ait un autre enfant malade est de :

- ☐ **a.** 1 risque sur 2.
- ☐ **b.** 1 risque sur 4.
- ☐ **c.** 1 risque sur 8.

6 Une maladie héréditaire liée au sexe signifie que :

- ☐ **a.** l'allèle responsable de la maladie est situé sur le chromosome Y.
- ☐ **b.** l'allèle responsable de la maladie est situé sur un chromosome sexuel.
- ☐ **c.** la maladie se transmet lors d'un rapport sexuel.

7 Dans le cas d'un allèle morbide porté par le chromosome Y :

- ☐ **a.** les filles peuvent être malades si l'allèle est dominant.
- ☐ **b.** les fils ne sont jamais malades si l'allèle est récessif.
- ☐ **c.** seuls les fils sont malades.

SCORE : /7

Les biotechnologies et la génétique humaine (2)

61

A

1 Dans le cas d'un allèle récessif morbide porté par le chromosome X, une femme homozygote le transmet :

a. uniquement à ses filles qui sont alors malades. ☐

b. à toutes ses filles qui sont alors malades. ☐

c. à tous ses fils qui sont alors malades. ☐

2 Dans le cas d'un allèle récessif morbide porté par le chromosome X, une fille est malade si :

a. le père est malade. ☐

b. le père n'est pas malade. ☐

c. la mère est malade. ☐

3 Dans le cas d'une maladie récessive liée au chromosome X, la maladie est :

a. plus fréquente chez les filles que chez les garçons. ☐

b. d'égale fréquence chez les filles et chez les garçons. ☐

c. moins fréquente chez les filles que chez les garçons. ☐

4 Un cas de trisomie 21 héréditaire détectée sur un caryotype utilisant la technique d'hybridation *in situ* par fluorescence montre :

a. une duplication. ☐

b. une hybridation. ☐

c. une translocation. ☐

5 La technique de PCR, réaction de polymérisation en chaîne de segments d'ADN mise au point en 1985, se réalise :

a. *in vitro*, grâce à une enzyme, l'ADN polymérase. ☐

b. *in vivo*, grâce à une enzyme, l'ADN polymérase. ☐

c. *in vitro*, grâce à des enzymes de restriction. ☐

6 Un test génétique pratiqué dans le cadre d'un diagnostic prénatal et utilisant l'électrophorèse permet de détecter si :

a. les chromosomes ont subi des translocations. ☐

b. des mutations ont fait disparaître ou apparaître des sites de restriction. ☐

c. des mutations sont ponctuelles ou étendues. ☐

7 Le principe de la thérapie génique vise à guérir une maladie génétique et est basé sur l'introduction :

a. d'un gène fonctionnel d'une autre espèce dans les cellules malades. ☐

b. de l'allèle fonctionnel d'un gène dans les cellules malades. ☐

c. d'une protéine médicament dans une cellule humaine. ☐

SCORE : /7

Bilan 1

B

1 **Le biologiste Sutton (1903), en étudiant la répartition des chromosomes au cours de la méiose, parvient à la conclusion que :**

☐ **a.** les éléments mendéliens sont situés sur les chromosomes.

☐ **b.** les molécules mendéliennes sont situées sur les chromosomes.

☐ **c.** les caractères mendéliens sont situés sur les chromosomes.

2 **Si la fréquence des hétérozygotes dans la population est de 1 sur 25, la probabilité pour qu'un couple ait un enfant malade est :**

☐ **a.** de 2/25 soit 8 risques sur 100.

☐ **b.** de 1/25 × 1/25 soit 1 risque sur 625.

☐ **c.** de 1/25 × 1/25 × ¼ soit 1 risque sur 2 500.

3 **La sonde utilisée pour repérer des fragments d'ADN est constituée :**

☐ **a.** d'enzymes spécifiques capables de se fixer sur certains de ces fragments.

☐ **b.** d'anticorps capables de se fixer sur certains de ces fragments.

☐ **c.** de nucléotides capables de s'hybrider avec certains de ces fragments.

4 **La première loi de Mendel énonce qu'au moment de la formation des gamètes, il y a :**

☐ **a.** ségrégation globale des versions d'un caractère.

☐ **b.** ségrégation indépendante des versions d'un caractère.

☐ **c.** transmission globale des versions d'un caractère.

5 **Dans le cas d'une maladie autosomique récessive, la probabilité pour un couple, parent d'un enfant malade, d'avoir un autre enfant malade est :**

☐ **a.** de 1 risque sur 2.

☐ **b.** de 1 risque sur 4.

☐ **c.** de 100 % de risque.

6 **Un test génétique pratiqué dans le cadre d'un diagnostic prénatal et utilisant l'électrophorèse permet de détecter si :**

☐ **a.** des mutations ont fait disparaître ou apparaître des sites de restriction.

☐ **b.** les chromosomes ont subi des translocations.

☐ **c.** des mutations sont ponctuelles ou étendues.

7 **Pour obtenir de l'ADN recombinant, on utilise une enzyme appelée :**

☐ **a.** enzyme recombinante.

☐ **b.** recombinase.

☐ **c.** enzyme ligase.

SCORE : /7

D

1 Dans le cas d'un allèle récessif morbide porté par le chromosome X, une femme homozygote le transmet :

a. uniquement à ses filles qui sont alors malades. ☐

b. à tous ses fils qui sont alors malades. ☐

c. à toutes ses filles qui sont alors malades. ☐

2 Une fois repérés, les fragments d'ADN sont :

a. séparés par chromatographie puis repérés par autoradiographie. ☐

b. séparés par électrophorèse puis repérés par autoradiographie. ☐

c. séparés par électrophorèse puis repérés sous lampe à ultraviolets. ☐

3 Une enzyme de restriction reconnaît un site de restriction qui correspond à une séquence spécifique :

a. de quelques bases de la molécule d'ADN. ☐

b. de quelques bases de la molécule d'ARNm. ☐

c. de quelques acides aminés d'une protéine. ☐

4 Le croisement des hybrides F1 entre eux montre que :

a. 75 % des individus présentent le caractère récessif. ☐

b. 25 % des individus présentent le caractère dominant. ☐

c. 25 % des individus présentent le caractère récessif. ☐

5 La transgénèse correspond à un transfert d'un gène d'un organisme à un autre organisme :

a. d'une espèce différente. ☐

b. de la même espèce ou non. ☐

c. de la même espèce. ☐

6 L'utilisation des outils moléculaires a permis le séquençage des gènes, c'est-à-dire de connaître :

a. l'ordre dans lequel les gènes ont été découverts puis numérotés. ☐

b. la séquence des différents gènes disposés sur un chromosome. ☐

c. la séquence nucléotidique des gènes. ☐

7 Au cours de ces travaux, Morgan montre que certains résultats de croisement ne corroborent pas les lois de Mendel car :

a. certains caractères sont liés au sexe. ☐

b. certains caractères ne se transmettent pas sexuellement. ☐

c. certaines mutations affectent le phénotype sexuel. ☐

SCORE : /7

Bilan 3

C

1 **Suite aux travaux effectués au début du XXe siècle, le gène est alors défini comme :**

☐ a. une unité de fonction, de mutation et de recombinaison.
☐ b. une unité de travail, chromosomique et de recombinaison.
☐ c. une unité de fonction, de mutation et de conversion.

2 **La composition chimique de l'ADN a été élucidée en partie grâce à une étude portant sur la quantité des diverses bases azotées. On a déduit :**

☐ a. A = C et T = G ; A + G = T + C.
☐ b. A = T et C = G ; A + G = T + C.
☐ c. A = T et C = G ; A + T = G + C.

3 **Le concept d'hérédité particulaire de Mendel repose sur la transmission d'un support :**

☐ a. matériel pour chaque caractère.
☐ b. chromosomique pour chaque caractère.
☐ c. protéique pour chaque caractère.

4 **Lors d'une transgénèse, on peut utiliser, pour effectuer le transfert du gène :**

☐ a. une molécule de transfert qui est une enzyme.
☐ b. un vecteur de transfert qui est un macrophage.
☐ c. un vecteur de transfert qui est une bactérie ou un virus bactériophage.

5 **La construction d'ADN recombinant se fait notamment dans des petites molécules :**

☐ a. d'ADN circulaires extraites de virus, appelés « les plasmides ».
☐ b. d'ARN extraites de bactéries, appelées « les plasmides ».
☐ c. d'ADN circulaires extraites de bactéries, appelées « les plasmides ».

6 **Le pourcentage de recombinaison entre deux gènes liés est :**

☐ a. identique quel que soit le couple de gènes considéré.
☐ b. toujours constant et caractéristique du couple de gènes considéré.
☐ c. égal à 50 %.

7 **Dans le cas d'une maladie récessive liée au chromosome X, la maladie est :**

☐ a. plus fréquente chez les filles que chez les garçons.
☐ b. d'égale fréquence chez les filles et chez les garçons.
☐ c. moins fréquente chez les filles que chez les garçons.

SCORE : /7

Diversité et complémentarité des métabolismes *(spécialité)*

PRÉSENTATION DE L'ÉCOSYSTÈME

• Quel que soit l'écosystème étudié, les êtres vivants présents forment un **réseau trophique** : les producteurs primaires sont des êtres **autotrophes** ; les producteurs secondaires sont des êtres **hétérotrophes**.

• Le **carbone** est utilisé par les producteurs primaires pour former leur matière organique (carbone à l'état réduit). Ils prélèvent ce carbone dans leur environnement (carbone à l'état oxydé).

• L'élément carbone est **continuellement recyclé**. Le recyclage du carbone s'opère à l'échelle de la planète : c'est le cycle **biogéochimique** du carbone.

L'AUTOTROPHIE PAR RAPPORT AU CARBONE

1 La production de matière organique dans les feuilles

À l'échelle de l'organe	• Production de matière organique réalisée au niveau des parties chlorophylliennes (feuilles). • Besoins de : pigments chlorophylliens, lumière, CO_2, substances minérales venant des racines. • Rejet de O_2. • Production d'**amidon**.
À l'échelle microscopique	• Feuilles constituées de plusieurs tissus (épidermes, parenchyme chlorophyllien et lacuneux). • **Stomates** : point d'entrée du CO_2 et point de sortie du O_2. • Le **chloroplaste** contient les pigments chlorophylliens : lieu de synthèse du glucose stocké sous forme d'amidon.
À l'échelle moléculaire	• Le **marquage radioactif** du C et O montre que : – C vient du CO_2 ; – O vient H_2O. $6\ \mathbf{C}O_2 + 6\ H_2\underline{O} \rightarrow \mathbf{C}_6H_{12}O_6 + 6\ \underline{O}_2$ • La lumière est la source d'énergie indispensable à la réalisation de cette réaction de synthèse : on parle de **photosynthèse**.

2 La lumière, source d'énergie indispensable à la photosynthèse

• Spectre d'**absorption** de la chlorophylle : absorption de certaines radiations de la lumière par les pigments chlorophylliens.

• Spectre d'**action** des pigments chlorophylliens : radiations avec lesquelles l'activité photosynthétique est importante.
• L'absorption d'énergie lumineuse déclenche une succession de **réactions d'oxydo-réductions** dans le chloroplaste. Ces réactions libèrent de l'énergie qui servira à la synthèse d'ATP utilisé pour la synthèse de matière organique.
• Il y a **conversion** de l'énergie lumineuse en énergie chimique.

3 Les mécanismes biochimiques de la photosynthèse

PHASE PHOTOCHIMIQUE	PHASE NON PHOTOCHIMIQUE
• Se déroule obligatoirement en présence de lumière. • Phase au cours de laquelle l'eau est oxydée et le dioxygène produit. • Se déroule dans les thylakoïdes des chloroplastes. • Permet la synthèse d'ATP. • Permet la formation de RH_2 (accepteur final d'électrons réduit). • Photo-oxydation de l'eau : $2\,H_2O = O_2 + 4\,H^+ + 4e^-$. • H_2O est oxydée, d'où production de O_2 et réduction de la chlorophylle.	• Permet l'incorporation puis la réduction du dioxyde de carbone qui, à son tour, permet la synthèse de glucides. • Se déroule dans le stroma des chloroplastes. • La synthèse du glucose (molécule en C_6) est permise grâce à l'incorporation du CO_2 et par la formation d'intermédiaire (APG molécule en C_3, RuDP molécule en C_5). • Nécessité de l'ATP formé lors de la phase photochimique. • On a les étapes suivantes : $CO_2 + \text{RuDP}\ (C_5) \rightarrow C_6$ $\rightarrow \text{APG}\ (C_3) \rightarrow C_3P\ (C_3)$ $\rightarrow$ glucose.
Les deux phases de la photosynthèse sont donc couplées : – la phase photochimique fournit l'ATP et le RH_2 nécessaires à la phase non photochimique ; – la phase non photochimique permet la régénération de l'accepteur final d'électrons R nécessaire à la phase photochimique.	

4 Utilisation de la matière organique produite par le végétal chlorophyllien

Les glucides synthétisés à la suite de la photosynthèse au niveau des feuilles peuvent être :
– **stockés** dans les chloroplastes sous forme d'amidon ;
– **véhiculés** par la sève élaborée sous forme de petites molécules (glucose, saccharose), vers les autres organes de la plante pour y être stockés ou transformés ou dégradés, notamment au niveau des cellules non chlorophylliennes (hétérotrophes) de la plante ;
– **utilisés** pour permettre la synthèse de tous les autres constituants chimiques (acides aminés, lipides…) grâce à un apport d'ions minéraux transportés par la sève brute.

ATP ET VIE CELLULAIRE

• L'ATP permet les synthèses et les mouvements dans la cellule. L'ATP est un intermédiaire énergétique universel.

• Sa **consommation** (ATP + H_2O → ADP + Pi) est une réaction qui libère de l'énergie. Elle est catalysée par une ATPase.

• Sa **synthèse** (ADP + Pi → ATP + H_2O) est catalysée par l'ATP synthétase. L'ATP n'est pas stocké mais régénéré aussi vite qu'il est consommé.

RESPIRATION ET FERMENTATION

1 La respiration cellulaire

• Elle se déroule dans un milieu **aérobie**.

• **Trois étapes** la composent, la première dans le cytoplasme, les deux autres dans les mitochondries :

1. La glycolyse : $C_6H_{12}O_6$ (glucose) + 2R → 2 $CH_3COCOOH$ (acide pyruvique) + 2 RH_2. Une mole de glucose transformée permet la synthèse de deux moles d'ATP.

2. Production de CO_2 et de molécules réduites RH_2 (cycle de Krebs). Deux moles d'ATP sont produites.

3. Au niveau des crêtes mitochondriales, les RH_2 cèdent leurs électrons à la chaîne respiratoire. L'accepteur final est O_2. Au cours de cette étape mitochondriale, 32 moles d'ATP sont produites pour deux moles d'acide pyruvique oxydé.

• La respiration cellulaire aboutit donc à une dégradation totale de la matière organique car les produits formés sont du dioxyde de carbone et de l'eau. À partir d'une mole de glucose totalement oxydée, il y a production de 36 moles d'ATP. Le rendement de la respiration est de l'ordre de 40 %.

• Équation bilan :

$$C_6H_{12}O_6 \text{ (red1)} + 6\ O_2 \text{ (Ox2)} \rightarrow 6\ CO_2 \text{ (Ox1)} + 6\ H_2O \text{ (red2)}$$

2 La fermentation alcoolique

• Elle se déroule dans un milieu **anaérobie**.

• Elle se compose de **deux étapes** entièrement dans le cytoplasme :

1. La glycolyse : même réaction que pour la respiration cellulaire.

2. Transformation de l'acide pyruvique en alcool. Cette étape permet de régénérer les transporteurs utilisés pendant la glycolyse mais ne fournit pas d'énergie pour la synthèse d'ATP.

• La fermentation alcoolique aboutit donc à une dégradation incomplète de la matière organique car, dans les produits formés, il y a encore une molécule organique (l'éthanol). À partir d'une mole de glucose oxydée, il y a production de 2 moles d'ATP. Le rendement de la fermentation est donc faible, de l'ordre de 2 %.

• Équation bilan :

$$C_6H_{12}O_6 \text{ (glucose)} \rightarrow 2\ C_2H_5OH \text{ (alcool)} + 2\ CO_2.$$

62 Cycle du carbone au sein d'un écosystème

G

1 L'écosystème est défini comme étant l'ensemble :

☐ a. des caractéristiques d'un milieu donné.

☐ b. formé par un milieu donné et les êtres vivants qui l'occupent.

☐ c. des êtres vivants.

2 Les relations qui s'établissent entre les différentes espèces, au sein d'un écosystème, sont de nature trophique, c'est-à-dire :

☐ a. reproductives.

☐ b. territoriales.

☐ c. alimentaires.

3 Les producteurs primaires, à la base de toute chaîne trophique, produisent leur propre matière organique à partir de :

☐ a. matière organique.

☐ b. matière minérale.

☐ c. matière minérale et organique.

4 On appelle « production primaire » la masse de matière :

☐ a. organique fabriquée par les producteurs primaires.

☐ b. minérale produite par les producteurs primaires.

☐ c. minérale consommée par les producteurs primaires.

5 On appelle « production secondaire » la masse de matière :

☐ a. minérale utilisée par les producteurs primaires.

☐ b. organique utilisée par les producteurs secondaires.

☐ c. organique fabriquée par les producteurs secondaires.

6 Le carbone du CO_2 absorbé par les végétaux chlorophylliens est à l'état :

☐ a. minéral et oxydé.

☐ b. organique et oxydé.

☐ c. minéral et réduit.

7 Un écosystème à l'équilibre est :

☐ a. producteur et consommateur de matière organique.

☐ b. producteur de matière organique.

☐ c. consommateur de matière organique.

SCORE : /7

Les structures cellulaires mises en jeu au cours de la photosynthèse

63

F

1 Chez les plantes chlorophylliennes, le dioxyde de carbone (CO_2) :

a. pénètre par l'ostiole des stomates des feuilles. ☐

b. diffuse directement à travers l'épiderme. ☐

c. pénètre par l'ostiole des stomates des feuilles, des tiges et des racines. ☐

2 La matière organique synthétisée par un végétal chlorophyllien est stockée sous forme :

a. de glycogène dans les chloroplastes. ☐

b. d'amidon dans les chloroplastes. ☐

c. d'amidon dans la vacuole. ☐

3 Le chloroplaste, siège de la photosynthèse, est un :

a. organe délimité par une double membrane et contenant des thylakoïdes. ☐

b. organite délimité par une double membrane et contenant des thylakoïdes. ☐

c. organite délimité par une membrane et contenant des thylakoïdes. ☐

4 La sève brute circule dans des vaisseaux conducteurs spécialisés et est chargée d'apporter :

a. l'eau et les sels minéraux depuis les racines jusqu'aux feuilles. ☐

b. l'eau, les sels minéraux et le glucose depuis les racines jusqu'aux feuilles. ☐

c. la matière organique, produite par photosynthèse, aux autres organes. ☐

5 La sève élaborée circule dans des vaisseaux conducteurs spécialisés et est chargée d'apporter :

a. les sels minéraux et le glucose depuis les racines jusqu'aux feuilles. ☐

b. l'eau et les sels minéraux depuis les racines jusqu'aux feuilles. ☐

c. la matière organique, produite par photosynthèse, aux autres organes. ☐

6 Les pigments chlorophylliens qui captent l'énergie lumineuse sont localisés dans :

a. le stroma des chloroplastes. ☐

b. la membrane externe des chloroplastes. ☐

c. la membrane des thylakoïdes des chloroplastes. ☐

7 L'incorporation du carbone minéral dans la matière organique s'effectue dans :

a. la membrane des thylakoïdes. ☐

b. le stroma des chloroplastes. ☐

c. l'espace intra-thylakoïdien. ☐

SCORE : /7

64 La phase photochimique de la photosynthèse

D

1 Les végétaux chlorophylliens absorbent :

- [ ] a. toutes les radiations lumineuses.
- [ ] b. les radiations lumineuses en fonction des pigments qu'ils possèdent.
- [ ] c. surtout les radiations bleues.

2 Le spectre d'absorption d'un végétal correspond à la capacité :

- [ ] a. de production du dioxygène en fonction de la longueur d'onde.
- [ ] b. d'absorption par ses pigments en fonction de la longueur d'onde.
- [ ] c. d'absorption du dioxyde de carbone en fonction de la longueur d'onde.

3 L'absorption d'énergie lumineuse par les pigments chlorophylliens entraîne une excitation des molécules :

- [ ] a. de chlorophylle et leur oxydation par perte d'électrons.
- [ ] b. de chlorophylle et leur réduction par gain d'électrons.
- [ ] c. d'eau et leur oxydation par perte d'électrons.

4 La photo-oxydation de l'eau, qui aboutit à un dégagement de dioxygène, correspond à :

- [ ] a. une perte d'électrons qui permet l'oxydation de la chlorophylle réduite.
- [ ] b. un gain d'électrons qui permet la réduction de la chlorophylle oxydée.
- [ ] c. une perte d'électrons qui permet la réduction de la chlorophylle oxydée.

5 La chaîne photosynthétique est constituée d'un ensemble de molécules situé dans :

- [ ] a. la membrane des thylakoïdes où s'effectue la synthèse de glucose.
- [ ] b. la membrane des thylakoïdes où se déroulent des oxydo-réductions.
- [ ] c. le stroma où se déroulent des oxydo-réductions.

6 Les réactions d'oxydo-réduction de la phase photochimique libèrent de l'énergie qui permet :

- [ ] a. l'hydrolyse de l'ATP.
- [ ] b. la synthèse de glucose.
- [ ] c. la synthèse de l'ATP.

7 L'accepteur final d'électrons est une molécule qui est présente dans :

- [ ] a. le stroma des chloroplastes à l'état oxydé.
- [ ] b. le stroma des chloroplastes à l'état réduit.
- [ ] c. la membrane des thylakoïdes des chloroplastes à l'état oxydé.

SCORE : /7

La phase non photochimique de la photosynthèse

65

H

1 Au cours de l'incorporation du dioxyde de carbone dans la matière organique, il passe :

a. de l'état réduit à l'état oxydé : il y a oxydation du CO_2. ☐

b. de l'état oxydé à l'état réduit : il y a oxydation du CO_2. ☐

c. de l'état oxydé à l'état réduit : il y a réduction du CO_2. ☐

2 Chez de nombreuses plantes chlorophylliennes, la fixation du dioxyde de carbone s'effectue au cours du :

a. cycle de Calvin, où le CO_2 se fixe sur une molécule en C5. ☐

b. cycle de Calvin, où le CO_2 se fixe sur une molécule en C4. ☐

c. cycle de Kévin, où le CO_2 se fixe sur une molécule en C6. ☐

3 L'incorporation du dioxyde de carbone nécessite la consommation :

a. d'une molécule réduite de la forme RH_2. ☐

b. d'ATP et d'une molécule réduite de la forme RH_2. ☐

c. d'ATP uniquement. ☐

4 Les différentes étapes de l'incorporation du CO_2 dans la matière organique font intervenir successivement les molécules en :

a. C3 (APG), puis 2 trioses phosphates en C3. ☐

b. C5, puis 2 molécules en C3 (APG), puis 2 trioses phosphates en C3. ☐

c. C6, puis 2 molécules en C3 (APG), puis 2 trioses phosphates en C3. ☐

5 La phase non photochimique est dépendante de la lumière de façon :

a. indirecte car elle consomme les produits de la phase photochimique. ☐

b. directe car elle consomme de l'énergie lumineuse. ☐

c. directe car la synthèse de glucose consomme de l'énergie lumineuse. ☐

6 L'équation bilan de la photosynthèse est :

a. $C_6H_{12}O_6 + 6\ O_2 \rightarrow 6\ CO_2 + 6\ H_2O$. ☐

b. $6\ CO_2 + H_2O \rightarrow C_6H_{12}O_5 + 6\ O_2$. ☐

c. $6\ CO_2 + 6\ H_2O \rightarrow C_6H_{12}O_6 + 6\ O_2$. ☐

7 Les molécules organiques produites au cours de la phase non photochimique peuvent être véhiculées par :

a. la sève élaborée sous forme de saccharose ou de glucose. ☐

b. la sève brute sous forme de saccharose ou de glucose. ☐

c. la sève élaborée sous forme d'amidon. ☐

SCORE : /7

66 L'ATP et la vie cellulaire

B

1 L'ATP est une molécule constituée des molécules suivantes :

- [ ] a. 1 base azotée (adénine), 1 ribose, 3 acides phosphoriques.
- [ ] b. 1 base azotée (thymine), 1 ribose, 3 acides phosphoriques.
- [ ] c. 1 base azotée (adénine), 1 désoxyribose, 3 acides phosphoriques.

2 La synthèse de l'ATP s'accompagne :

- [ ] a. d'un apport d'énergie (c'est une réaction exoénergétique).
- [ ] b. d'une libération d'énergie (c'est une réaction exoénergétique).
- [ ] c. d'un apport d'énergie (c'est une réaction endoénergétique).

3 L'hydrolyse de l'ATP aboutit à :

- [ ] a. la formation d'ADP, de Pi et d'H_2O et à une consommation d'énergie.
- [ ] b. la formation d'ADP, de Pi et d'H_2O et à une libération d'énergie.
- [ ] c. la formation d'ADP et de Pi ainsi qu'à une libération d'énergie.

4 Au cours de la phase photochimique :

- [ ] a. l'énergie lumineuse est convertie en énergie mécanique.
- [ ] b. l'énergie lumineuse captée est convertie en énergie chimique.
- [ ] c. l'énergie chimique est convertie en énergie mécanique.

5 La synthèse de matière organique nécessite un apport d'énergie qui se réalise lors de :

- [ ] a. l'hydrolyse de l'ATP qui consomme de l'ADP et 1 Pi.
- [ ] b. l'hydrolyse de l'ATP qui produit de l'ADP et 1 Pi.
- [ ] c. la synthèse de l'ATP qui consomme de l'ADP et 1 Pi.

6 Chez les organismes hétérotrophes, l'énergie nécessaire à la synthèse d'ATP provient d'un transfert d'énergie :

- [ ] a. des molécules organiques consommées.
- [ ] b. des molécules minérales consommées.
- [ ] c. du dioxygène consommé.

7 L'ATP (adénosine triphosphate) est une molécule qui :

- [ ] a. peut être stockée et est régénérée au fur et à mesure des besoins.
- [ ] b. n'est pas stockée mais régénérée en fonction des besoins.
- [ ] c. n'est pas stockée mais régénérée aussi vite qu'elle est consommée.

SCORE : /7

La respiration cellulaire (1) 67

E

1 La respiration cellulaire se déroule dans les compartiments cellulaires suivants :

a. la mitochondrie et le reticulum endoplasmique. ☐

b. le cytoplasme et la mitochondrie. ☐

c. uniquement la mitochondrie. ☐

2 La respiration cellulaire correspond à :

a. une dégradation incomplète de molécules organiques en présence de O_2. ☐

b. une dégradation complète de molécules minérales en présence de O_2. ☐

c. une dégradation complète de molécules organiques en présence de O_2. ☐

3 Au cours de la respiration cellulaire :

a. la matière organique est entièrement minéralisée. ☐

b. la matière organique n'est pas complètement minéralisée. ☐

c. la matière minérale est transformée complètement en matière organique. ☐

4 L'équation bilan de la respiration cellulaire est :

a. $6\ CO_2 + 6\ H_2O \rightarrow C_6H_{12}O_6 + 6\ O_2$. ☐

b. $C_6H_{12}O_6 + 6\ O_2 \rightarrow 6\ CO_2 + 6\ H_2O$. ☐

c. $C_6H_{12}O_6 \rightarrow 2\ CO_2 + 2\ C_2H_5OH$. ☐

5 La première étape de la respiration cellulaire est :

a. la glycolyse qui se déroule dans le cytoplasme (hyaloplasme) de la cellule. ☐

b. la glycolyse qui se déroule dans les mitochondries. ☐

c. la glycogénolyse qui se déroule dans le cytoplasme de la cellule. ☐

6 La glycolyse permet, à partir d'une mole de glucose consommée, la formation de :

a. 1 mole d'acide pyruvique et 1 mole d'ATP. ☐

b. 2 moles d'acide pyruvique et 2 moles d'ATP. ☐

c. 2 moles d'acide pyruvique et 3 moles d'ATP. ☐

7 La glycolyse correspond à :

a. une réduction du glucose accompagnée d'une oxydation d'un réducteur. ☐

b. une hydrolyse du glucose. ☐

c. une oxydation du glucose accompagnée d'une réduction d'un oxydant. ☐

SCORE : /7

68 La respiration cellulaire (2)

F

1 **Dans la matrice des mitochondries, l'acide pyruvique subit un ensemble de transformations au cours du cycle de Krebs par :**

- [ ] a. décarboxylation, déshydrogénation et oxydation.
- [ ] b. décarboxylation, hydrolyse et oxydation.
- [ ] c. carboxylation, hydrogénation et réduction.

2 **La transformation de l'acide pyruvique, issu d'une mole de glucose par glycolyse, aboutit à la formation :**

- [ ] a. de O_2, de composés réduits RH_2 et de 2 moles d'ATP.
- [ ] b. de CO_2, de composés réduits RH_2 et de 2 moles d'ATP.
- [ ] c. de CO_2, de composés réduits RH_2 et de 34 moles d'ATP.

3 **Les composés RH_2 formés au cours du cycle de Krebs sont ensuite :**

- [ ] a. oxydés et gagnent des électrons.
- [ ] b. oxydés et perdent des électrons qui alimentent la chaîne respiratoire.
- [ ] c. réduits et perdent des électrons qui alimentent la chaîne respiratoire.

4 **La chaîne respiratoire est constituée de couples de molécules redox présents :**

- [ ] a. au niveau des crêtes mitochondriales de la membrane interne.
- [ ] b. dans la matrice des mitochondries.
- [ ] c. au niveau des crêtes mitochondriales de la membrane externe.

5 **L'accepteur final d'électrons de la chaîne respiratoire est :**

- [ ] a. le dioxygène, qui est alors oxydé en molécule d'H_2O.
- [ ] b. l'eau, qui est alors oxydé en O_2.
- [ ] c. le dioxygène, qui est alors réduit en molécule d'H_2O.

6 **Pour une mole de glucose consommée, les réactions d'oxydo-réduction qui se déroulent au cours de la respiration cellulaire :**

- [ ] a. sont endoénergétiques et permettent la synthèse de 36 moles d'ATP.
- [ ] b. sont exoénergétiques et permettent l'hydrolyse de 36 moles d'ATP.
- [ ] c. sont exoénergétiques et permettent la synthèse de 36 moles d'ATP

7 **Le rendement de la respiration cellulaire est de l'ordre de :**

- [ ] a. 2 %.
- [ ] b. 40 %.
- [ ] c. 70 %.

SCORE : /7

La fermentation alcoolique

C

1 La fermentation alcoolique est un processus métabolique qui permet la synthèse d'ATP :

a. en milieu anaérobie. ☐

b. en milieu anaérobique. ☐

c. uniquement en milieu aérobie. ☐

2 La fermentation alcoolique se déroule :

a. uniquement dans les mitochondries. ☐

b. uniquement dans le cytoplasme (hyaloplasme). ☐

c. dans le cytoplasme (hyaloplasme) et les mitochondries. ☐

3 La fermentation alcoolique débute par :

a. la glycolyse d'1 mole de glucose en 2 moles d'acide pyruvique. ☐

b. l'hydrolyse d'1 mole de glucose en 2 moles d'acide pyruvique. ☐

c. la glycogénolyse d'1 mole de glucose en 1 mole d'acide pyruvique. ☐

4 La fermentation alcoolique est un processus qui fait intervenir :

a. une dégradation incomplète et une réduction de la matière organique. ☐

b. une dégradation complète et une oxydation de la matière organique. ☐

c. une dégradation incomplète et une oxydation de la matière organique. ☐

5 L'équation bilan de la fermentation alcoolique dans le cas de la consommation de glucose est :

a. $C_6H_{12}O_6 + 2R \rightarrow 2\ CH_3\ CO\text{-}COOH + 2\ RH_2$. ☐

b. $C_6H_{12}O_6 + 6\ O_2 \rightarrow 6\ CO_2 + 6\ H_2O$. ☐

c. $C_6H_{12}O_6 \rightarrow 2\ C_2H_5OH + 2\ CO_2$. ☐

6 La dégradation d'une mole de glucose au cours de la fermentation alcoolique permet :

a. la synthèse de 6 moles d'ATP. ☐

b. la synthèse de 2 moles d'ATP. ☐

c. l'hydrolyse de 2 moles d'ATP. ☐

7 Le rendement énergétique de la fermentation est :

a. supérieur à celui de la respiration. ☐

b. identique à celui de la respiration. ☐

c. nettement inférieur à celui de la respiration. ☐

SCORE : /7

70 Bilan structural et fonctionnel d'une cellule

A

1 Les cellules eucaryotes produisent de l'énergie grâce à :

- [ ] a. uniquement la respiration.
- [ ] b. uniquement la respiration et la photosynthèse.
- [ ] c. la fermentation, la respiration, la photosynthèse.

2 Pour les cellules autotrophes, la production d'ATP est assurée essentiellement par :

- [ ] a. les chloroplastes et les mitochondries.
- [ ] b. les chloroplastes.
- [ ] c. les mitochondries.

3 Les cellules hétérotrophes tirent l'énergie nécessaire à la synthèse d'ATP par conversion de :

- [ ] a. l'énergie lumineuse.
- [ ] b. l'énergie chimique des molécules minérales.
- [ ] c. l'énergie chimique des molécules organiques.

4 Les cellules autotrophes tirent l'énergie nécessaire à la synthèse d'ATP :

- [ ] a. uniquement par conversion de l'énergie lumineuse.
- [ ] b. par conversion de l'énergie chimique des molécules minérales.
- [ ] c. par conversion de l'énergie lumineuse.

5 Les cellules autotrophes peuvent donc fabriquer leur propre matière organique à partir de :

- [ ] a. matière minérale.
- [ ] b. matière organique.
- [ ] c. la lumière.

6 Les cellules hétérotrophes peuvent fabriquer leur propre matière organique à partir :

- [ ] a. de matière minérale.
- [ ] b. de matière organique.
- [ ] c. de CO_2 et d'eau.

7 La théorie de l'endosymbiose consiste à dire que les mitochondries et les chloroplastes sont probablement :

- [ ] a. d'anciens virus qui ont été englobés par une cellule hôte ancestrale.
- [ ] b. d'anciennes bactéries englobées par une cellule hôte ancestrale.
- [ ] c. des cellules extraterrestres englobées par une cellule hôte ancestrale.

SCORE : /7

Bilan 1

G

1 Le carbone du CO_2 absorbé par les végétaux chlorophylliens est à l'état :

a. minéral et réduit. ☐

b. minéral et oxydé. ☐

c. organique et oxydé. ☐

2 Les cellules hétérotrophes tirent l'énergie nécessaire à la synthèse d'ATP par conversion de :

a. l'énergie lumineuse. ☐

b. l'énergie chimique des molécules minérales. ☐

c. l'énergie chimique des molécules organiques. ☐

3 La synthèse de matière organique nécessite un apport d'énergie qui se réalise lors de :

a. l'hydrolyse de l'ATP qui consomme de l'ADP et 1 Pi. ☐

b. l'hydrolyse de l'ATP qui produit de l'ADP et 1 Pi. ☐

c. la synthèse de l'ATP qui consomme de l'ADP et 1 Pi. ☐

4 La chaîne respiratoire est constituée de couples de molécules redox présents :

a. au niveau des crêtes mitochondriales de la membrane interne. ☐

b. au niveau des crêtes mitochondriales de la membrane externe. ☐

c. dans la matrice des mitochondries. ☐

5 La glycolyse permet, à partir d'une mole de glucose consommée, la formation de :

a. 1 mole d'acide pyruvique et 1 mole d'ATP. ☐

b. 2 moles d'acide pyruvique et 3 moles d'ATP. ☐

c. 2 moles d'acide pyruvique et 2 moles d'ATP. ☐

6 L'incorporation du dioxyde de carbone nécessite la consommation :

a. d'ATP et d'une molécule réduite de la forme RH_2. ☐

b. d'une molécule réduite de la forme RH_2. ☐

c. d'ATP uniquement. ☐

7 L'incorporation du carbone minéral dans la matière organique s'effectue dans :

a. le stroma des chloroplastes. ☐

b. la membrane des thylakoïdes. ☐

c. l'espace intra-thylakoïdien. ☐

SCORE : /7

Bilan 2

H

1 **La respiration cellulaire correspond à :**

- ☐ a. une dégradation incomplète de molécules organiques en présence de O_2.
- ☐ b. une dégradation complète de molécules minérales en présence de O_2.
- ☐ c. une dégradation complète de molécules organiques en présence de O_2.

2 **La photo-oxydation de l'eau, qui aboutit à un dégagement de dioxygène, correspond à :**

- ☐ a. une perte d'électrons qui permet la réduction de la chlorophylle oxydée.
- ☐ b. une perte d'électrons qui permet l'oxydation de la chlorophylle réduite.
- ☐ c. un gain d'électrons qui permet la réduction de la chlorophylle oxydée.

3 **La synthèse de l'ATP s'accompagne :**

- ☐ a. d'un apport d'énergie (c'est une réaction exoénergétique).
- ☐ b. d'un apport d'énergie (c'est une réaction endoénergétique).
- ☐ c. d'une libération d'énergie (c'est une réaction exoénergétique).

4 **La fermentation alcoolique est un processus qui fait intervenir :**

- ☐ a. une dégradation incomplète et une réduction de la matière organique.
- ☐ b. une dégradation incomplète et une oxydation de la matière organique.
- ☐ c. une dégradation complète et une oxydation de la matière organique.

5 **Les pigments chlorophylliens qui captent l'énergie lumineuse sont localisés dans :**

- ☐ a. la membrane des thylakoïdes des chloroplastes.
- ☐ b. le stroma des chloroplastes.
- ☐ c. la membrane externe des chloroplastes.

6 **La dégradation d'une mole de glucose au cours de la fermentation alcoolique permet :**

- ☐ a. l'hydrolyse de 2 moles d'ATP.
- ☐ b. la synthèse de 6 moles d'ATP.
- ☐ c. la synthèse de 2 moles d'ATP.

7 **L'équation bilan de la photosynthèse est :**

- ☐ a. $6\ CO_2 + 6\ H_2O \rightarrow C_6H_{12}O_6 + 6\ O_2$.
- ☐ b. $6\ CO_2 + H_2O \rightarrow C_6H_{12}O_5 + 6\ O_2$.
- ☐ c. $C_6H_{12}O_6 + 6\ O_2 \rightarrow 6\ CO_2 + 6\ H_2O$.

SCORE : /7